博雅教育

Liberal Arts Education

（第三版）

杨福家 等著

作者介绍

杨福家，复旦大学物理学教授（1980—），中国科学院院士（1991—），发展中国家科学院院士（1991—），中央文史研究馆馆员（2012—），国家教育咨询委员会委员（2010—），国家教育考试指导委员会委员（2012—），宁波诺丁汉大学校长（2004—），曾任中国科学院上海原子核研究所所长（1987—2001），复旦大学校长（1993.2—1999.1），英国诺丁汉大学校长（校监，2001.1—2012.12）。曾获日本、美国、英国、港澳地区一些大学的名誉科学博士或名誉人文博士学位。

主要著作有：《原子物理学》（第四版），在2009年被评为教育部普通高等教育精品教材；与J. H. Hamilton合著的《现代原子与原子核物理》一书，1996年由美国McGraw-Hill公司出版。

内容提要

本书是曾担任6年复旦大学校长、12年英国诺丁汉大学校长的我国核物理学家、教育家、中国科学院院士、宁波诺丁汉大学校长杨福家关于大学博雅教育的论述。作者以其丰富的教育实践与教育管理经验，从历史的、国际的、开放的视野，全面阐述了博雅教育的地位、博雅教育的历史、博雅教育的涵义、博雅教育的要素，以及在我国大学教育中进行博雅教育的重要性，详细介绍了西方国家实施博雅教育的具体做法和成功经验。文中还介绍了在复旦大学开展博雅教育的基础以及在宁波诺丁汉大学开展的博雅教育。

本书可供高等教育工作管理者、研究者阅读参考，也可供各高校师生参阅。

习近平主席在联合国"教育第一"全球倡议行动一周年纪念活动上发表视频贺词。他表示，百年大计，教育为本。教育是人类传承文明和知识、培养年轻一代、创造美好生活的根本途径。习近平指出：中国将坚定实施科教兴国战略，始终把教育摆在优先发展的战略位置，不断扩大投入，努力发展全民教育、终身教育，建设学习型社会，努力让每个孩子享有受教育的机会，努力让13亿人民享有更好更公平的教育，获得发展自身、奉献社会、造福人民的能力。中国将加强同世界各国的教育交流，扩大教育对外开放，积极支持发展中国家教育事业发展，同各国人民一道努力，推动人类迈向更加美好的明天。(《人民日报》，2013年9月27日)

李克强总理主持召开国家科技教育领导小组第一次全体会议。李克强说，教育是民生改善的来源，传承文明的载体。让孩子受教育并且受到良好教育，是几乎每个家庭的共同愿望。掌握知识让人们拥有更多的发展机会，也有利社会文明得以延续、道德规范得以遵循。李克强强调，无论是推进教育公平，还是促进科技与经济社会深度融合，关键还得靠改革。（《人民日报》，2013年9月1日）

2006年8月2日作者在罗丹（Auguste Rodin，1840—1917）作品《思想者》（*Le Pensevr*）旁

博雅教育的五个要素

一、博：文理融合，学科交叉，在广博的基础上求深度；博学多闻，博古通今。

二、雅：做人第一，修业第二；君子以厚德载物，明大德，守公德，严私德。

三、以学生为中心，学校把育人放在一切工作的首位。

四、鼓励质疑，"我爱我师，我更爱真理"，并在以小班课为主的第一课堂得到充分体现；博学而笃志，切问而近思，仁在其中矣。

五、非常丰富的第二课堂：为数众多的学生社团、各种社会实践活动和学生参与的科研项目，在学习生涯中占有非常重要的地位；知行合一。

以上五个要素中，前两个是目的，后三个是措施。这是作者对世界著名博雅学院考察后得到的它们具有的共同特点。

世界上任何社会都是由各行各业的人组成的，相应的高等教育必然由各种不同类型的学校所组成，为此，本书以"教育均衡发展与行行出状元"作为最后一章的内容。各类不同高校应按本校特色选择、确定博雅教育要素中的几个以推行之。

第三版前言

中国梦,在我看来,首先是教育梦。民族复兴、国家强盛、科技腾飞,教育是根本。教育如何提升呢?我认为,博雅教育是中国教育提升的方向。我对博雅教育的认识和体会也不是一蹴而就的,在任复旦大学校长时,并不了解博雅教育。

在1990年前,我主要从事物理学的教学、科研工作。1991年被选为中国科学院院士,1993年任复旦大学校长,由此开始走上教育管理之路。

从21世纪的第一天起,我担任了英国诺丁汉大学校长(Chancellor)①,2001年2月见到英国女王,那是我第三次来到英国,但已去过美国60余次。很自然地,我

---

① Chancellor一词在香港各大学翻译为校监,全香港的大学只有一个校监:香港特首。在英国各皇家特许的大学也有一个共同的校监:英国女王,但校监的英文是Visitor。在大学的花名册的第一个名字就是Visitor,她的职责是监督,即校监。因此Chancellor应译为校长。Vice Chancellor译为执行校长更切合实际。

就不断比较英美教育的异同。第一感觉是两者相差巨大。美国教育是从英国引过来的：英国人坐五月花船来到新大陆，首先做 3 件事：办学校，造教堂，建邮局。哈佛大学（Harvard University）由此而生。然而，美国的高等教育是青出于蓝而胜于蓝！他们用 6＋2＋2 模式取代英国的 7＋3 模式。英国认为中学 7 年通识教育够了，一进大学就是专业教育，专业分得比我国采用的苏联模式还要细。但美国很多研究型大学认为 7 年通识教育还不够，就用 6＋2＋2 进行通识教育，即：6 年中学，进大学前 2 年不分专业，后 2 年也很淡化。从中学到大学都是通识教育，真正的专业教育是大学本科毕业以后的事。例如，耶鲁大学（Yale University）在本科教育 4 年后才进医学院、法学院、商学院等 11 个专业学院。这样看来，英美差别巨大。但是，不久后我认识到，所谓通识教育（General Education），实际上应该是博雅教育（Liberal Arts Education）。Liberal Arts Education 有多种译法，有的称为通识教育，有的称为素质教育、自由教育，也有把实行博雅教育的学校称为文理学院、人文学院，但"博雅"的翻译更体现出其内涵与文笔的优美。"博"为广博的知识，"雅"为优秀的个人素养。

美国的一批博雅学院（Liberal Arts College）以及哈佛、耶鲁等一批世界顶级的研究型大学的本科都实行博雅教育，它们是美国，甚至是世界上最好的本科院校。

而美国的精英,譬如,中美建交后的所有的美国总统无一例外地都出于这样的本科院校。

那么英国呢?其实,在我理解了博雅教育的要素后,英美的差异并不像我最初想象的那么巨大。

在考察了美国的博雅学院后,我归纳了它们的共同点,即博雅教育的五个要素:

(1) 博:文理融合,学科交叉,在广博的基础上求深度;博学多闻,博古通今。

(2) 雅:做人第一,修业第二;君子以厚德载物,明大德,守公德,严私德。

(3) 以学生为中心,学校把育人放在一切工作的首位。

(4) 鼓励质疑,"我爱我师,我更爱真理",并在以小班课为主的第一课堂得到充分体现;博学而笃志,切问而近思,仁在其中矣。

(5) 非常丰富的第二课堂:为数众多的学生社团、各种社会实践活动和学生参与的科研项目,在学习生涯中占有非常重要的地位;知行合一。

上述前两个是目的,后三个是措施。对于后四个,英国的大学做得相当好。

在英国诺丁汉大学担任 12 年校长,特别是自担任宁波诺丁汉大学校长 10 年来,我深入学习和思考高等教育,特别是博雅教育。宁波诺丁汉大学是中国第一所中外合作大学，10年的办学实践证明，学生们在实行博雅教育的学校里，能够激发出更大潜力，学生们在自觉性、创造性、团队合作，以及社会责任感方面表现突出，给了我在中国实践博雅教育的信心。

在第一章，我们向读者介绍博雅教育的发展历史。分为两部分：博雅教育在西方；博雅教育在中国。

Liberal Arts 的拉丁文为 Artes Liberales，博雅教育这一提法可以追溯到古希腊时期。到了古罗马时期、文艺复兴时期，博雅教育又有了进一步发展。

19世纪出版了《1828耶鲁报告》，这是博雅教育的第一部历史文献。接下来是1873年出版的纽曼的《大学的理念》，它是关于高等教育的经典著作，它倡导大学教育要实行博雅教育。

从1919年开始，哥伦比亚大学（Columbia University）提出"核心课程"，这些课程贯穿本科学习的前两年，形成了"哥大模式"。

在哈佛校长科南特（James B. Conant）任期内，于1945年出版了著名的"哈佛红皮书"——《自由社会中的通识教育》，这是博雅教育的历史上又一部经典之作。

在我国儒家经典中，对于教育目的之论述与博雅教育有十分相似的表述。

《论语》的《为政》篇中，提出了教育的目的："子曰：'君子不器。'"《大学》开篇第一句即为："《大学》之道，在

第三版前言

明明德,在亲民,在止于至善。"习近平主席在 2014 年 5 月 4 日与北京大学师生座谈会上就引了这句话,并进一步阐述:核心价值观,其实就是一种德,既是个人的德,也是一种大德,就是国家的德、社会的德。国无德不兴,人无德不立。博雅教育强调"做人第一,修业第二",这一表述在儒家经典,甚至是蒙学发蒙读物中随处可见。

唐朝韩愈说:"师者,所以传道受业解惑也。"传道是第一位的,而受业——传授知识则是第二位的。

另一经典蒙学教育读物《三字经》,距今已有 700 多年的历史。1990 年新加坡出版的英文新译本更是被联合国教科文组织选入"儿童道德丛书"。

我们在第二章到第六章分别叙述博雅教育的 5 个要素。

第二章阐述科学与文史密不可分的关系,以此说明"博"的含义及其重要性。但不仅如此,它还说明了"雅"的重要性。我们用杨振宁和莫言两位诺贝尔奖得主的对话作为注解予以说明,例如,莫言说"文以载道"。虽然本章还没有谈"雅",但已经把"雅"带进来了。可见"博"与"雅"密不可分!在本章文后有 6 个附录:一、哈佛大学新通识教育大纲;二、斯坦福大学(Stanford University)的核心课程;三、美国前驻华大使骆家辉在最近讲话中的一段,谈他在耶鲁念大学的体会;四、五和六、为数学家丘成桐的讲话节录与发表的 2 篇文章。

第三章讲"雅":做人第一,修业第二。世界一流大学都把"做人"放在培养人的首位。

第四章讲育人是大学的根本,大学应把育人放在一切工作的首位。具体说明"怎么做人",以及依此采取的措施。

第五章的重点是介绍《雅典学派》,并以《哥本哈根精神》把它进一步具体化。还以"孔融让梨我不让"的文章来说明,中外在质疑的观念方面有巨大的差异。由此可见,以讨论为主的小班课非常重要。但上小班课比起上大课,在某种意义上更困难,对教师提出了更高的要求。只有把育人放在首位时,才有可能做好。这是培育杰出人才的关键措施之一。美国有些中学甚至颠覆了传统,晚上听网络课(包括老师通过网络讲课),白天小班讨论,质疑,做作业。(见《纽约时报》,2014年2月4日。)

在本章,还以剑桥、牛津大学为例,说明在英国古老的一流大学里,如何通过住宿学院这个载体,使师生互动。

第六章介绍第二课堂。我过去只认识到,在第一课堂上,教授上好大课的重要性;后来认识到,以讨论为主的小班课更为重要;再后来,才认识到,第二课堂是实行博雅教育所不可缺少的。

1998年10月5日,联合国教科文组织(United

Nations Educational, Scientific and Cultural Organization, UNESCO)在巴黎召开"迎接21世纪的高等教育"会议,各国教育部长率领代表团参加。笔者作为国际大学校长协会代表与会。在闭幕会上,大会主席马约尔(John Mayor)提出:为迎接新世纪,必须提倡4方面的学习:学以增知(learn to know),学以致用(learn to do),学会思考(learn to think),学会做人(learn to be)。后来有人又补充了两条:学会提问(learn to ask)、学会与人相处(learn to deal with others)。要培育这6个"能力",单靠第一课堂是不够的,而必须通过第二课堂来共同达到。这6个"能力"的培育,正是博雅教育的核心。

在这一章里,以复旦大学为例,向读者展示,在今天的一流学府中,第二课堂是如此丰富多彩,优秀学子从此跨出校门。

第七章是一篇发言稿,是在教育部组织的座谈会上,谈学习《温家宝谈教育》一书的体会。在这本近600页的专著中,对博雅教育的5个方面都有深刻阐述。

在第八章,先向读者介绍美国的博雅学院概况,然后重点介绍4所优秀的博雅学院,以具体事例说明博雅教育的特征,并附上2014年美国博雅学院的排名。

在第九章,以宁波诺丁汉大学为实例,向读者介绍英式教育在实现博雅教育的过程中的成就与不足。"看一所大学的优劣,首先看学生的水平。"因此,我们重点向读者介绍该校的学生。为此,我们还增加了《文汇报》发表的江世亮的一篇文章:"'宁诺'走过10年,可以复制吗?"

在本章最后,还加入"中国博雅教育研讨会"的总结。该研讨会由北京大学、复旦大学和宁波诺丁汉大学共同发起,于2014年4月在宁波诺丁汉大学成功举行。这一研讨会是中国第一次以"博雅教育"为主题而召开的研讨会,受到了教育部和各参会高校的高度重视。总结由北京大学张存群执笔,向读者们介绍目前中国高校中所进行的博雅教育的尝试。文后有潘国驹教授对"博雅教育与东方文化"的思考一文。

最后,在第十章,再一次强调:为了适应社会各方面的需求,教育的结构一定是多样化的。本章包括两篇《国是咨询》封面文章:"中外职业教育观之差异"与"教育均衡发展与行行出状元。"

博雅教育并不仅适用于高等教育,更不仅只适用于研究型大学,在笔者总结的五要素中,各级各类学校均可根据自身特点,酌情试行。例如,研究型大学的"博",与高职院校培养技术型人才的"博"就不一样;然而,对于鼓励学生参加社会实践、开展社团活动、做到知行合一的要求就可能比较类似。再如,学校以育人为本,做人第一,修业第二,鼓励课堂讨论,培养学生质疑精神,对小学、中学、大学等各类学校的教育都是根本性的。

第三版前言

希望本书对学校师生、教育工作者、对教育感兴趣的读者们,能有所启发。让我们共同努力,为国家和社会培养更多优秀人才,为中国梦的实现而共同奋斗。

本书第一版和第二版分别在2014年初和2014年秋由复旦大学出版社出版,其后在新加坡出版,现经一定修改,再由复旦大学出版社出版第三版。

致谢

感谢陈建新教授对本版做出重要的贡献,他仔细地阅读了本书,并提出了很多建议。还要感谢复旦大学教务处实践教学办公室,他们为本书第六章提供了翔实的学生活动的资料;教务处还组织报告会,邀请我就"博雅教育"作主题发言,由此有了写本书的意愿。感谢前校长杨玉良、陆昉副校长和徐雷处长亲临会议,并作了精彩的讲话。感谢前秘书陈弘对本书做出过的贡献,也要特别感谢复旦大学出版社范仁梅责任编辑为本书出版所做的辛勤劳动。

2015年5月

目录

第三版前言 1

第一章　博雅教育的发展史 1
博雅教育在西方 / 2

博雅教育在中国

　　——博雅教育在我国古代儒家经典中的体现 / 20

真正的书院

　　——访问港澳大学住宿学院有感 / 24

　　附：吕叔湘先生说的比喻（叶圣陶）/ 30

第二章　博：科学与文史 32
科学与文史的融合 / 33

　　附一：哈佛大学新通识教育大纲 / 48

　　附二：斯坦福大学的核心课程 / 50

　　附三：骆家辉2013年6月28日的演说（媒体报道）/ 51

附四：丘成桐 2014 年 7 月 25 日的讲话（媒体报道） / 51

附五：丘成桐寄语青年学子，从此处着眼 / 53

附六：大学者的原创力从何而来？ / 57

第三章　雅：做人第一，修业第二 65

教书育人，传道授业 / 66

附：致格致中学全体学生的公开信 / 73

节能减排与做人做事 / 76

附英文稿：Environment-Friendly Architecture and the Right Attitude / 81

第四章　大学的根本 88

大学的根本在于育人 / 89

附：《1828 耶鲁报告》（精选） / 94

第五章　我爱我师，我更爱真理 101

质疑，培育杰出人才的关键 / 102

初探牛津大学住宿学院 / 123

哥本哈根精神

——纪念尼尔斯·玻尔三部曲《原子和分子结构》发表 100 周年 / 138

"孔融让梨我不让"引发的思考 / 153

目 录

第六章 丰富的第二课堂 ································ 156

　复旦大学的学生社团、社会实践和学生科研

　　活动 / 157

　复旦大学"箸政"师生赴美拜访李政道先生 / 173

　　附:第三课堂(慕课)发展的补充情况 / 179

第七章 贯彻教育方针,实施博雅教育 ················ 181

　以"博雅"贯通人才成长之路

　　——学习《温家宝谈教育》体会 / 182

　　附:温家宝总理 2007 年 9 月 14 日来信 / 190

第八章 美国的博雅学院 ······························ 192

　美国的博雅学院概况 / 193

　参访的美国博雅学院简介 / 195

　　附一:一则关于全美大学新生调查的新闻报道 / 206

　　附二:博雅学院,亦小亦美 / 207

　　附三:2014 年美国博雅学院排行榜 / 209

第九章 宁波诺丁汉大学:高质量教育培养高素质国际
　　　　化人才

　　　　——初试博雅教育 ···························· 211

　"中西合璧"式的教育 / 212

　国内第一所以中外合作形式创办的大学

——"宁诺"走过10年,可以复制吗?/ 222

优秀的学生 / 235

附一:新闻报道之一　宁波诺丁汉大学赛扶团队夺得2010赛扶世界杯大赛全球总决赛亚军 / 243

附二:新闻报道之二　宁波诺丁汉大学学生获得国际建筑设计大赛一等奖 / 245

附三:一位硕士毕业生的来信　宁波诺丁汉大学求学感言 / 247

附四:两位本科毕业生的来信 / 248

附五:一位即将毕业的学生的来信 / 254

后记:学校要营造培育一流学生的氛围 / 258

中国博雅教育研讨会综述 / 262

附:博雅教育与东方文化(潘国驹) / 269

第十章　行行出状元 273

教育均衡发展与行行出状元 / 274

中外职业教育观之差异 / 279

附一:瓦特与亚当·斯密 / 286

附二:中共中央关于全面深化改革若干重大问题的决定(节录) / 292

习近平:加快发展职业教育　让每个人都有人生出彩机会 / 294

结束语　中国梦,首先是中国教育梦 296

第一章
博雅教育的发展史*

我们向读者介绍博雅教育发展的历史。分为两部分：博雅教育在西方；博雅教育在中国，真正的书院。

第一部分，从古希腊时期、古罗马时期、文艺复兴时期，谈到《1828耶鲁报告》、1873年出版的纽曼的《大学的理念》，再介绍1919年哥伦比亚大学提出的"核心课程"，哈佛大学1945年出版的《自由社会中的通识教育》。

第二部分，从儒家经典的《论语》到唐朝的韩愈，再介绍700多年前的《三字经》。最后介绍中国现代的书院。

---

* 陈弘对本章做了贡献。

博雅教育在西方

"博雅教育"这一词汇并不是近年来才出现的,而是源远流长的教育思想,它的教育精神一直在传承与发展。本文将梳理博雅教育在西方的发展史,以及博雅教育在发展过程中形成的重要文献。

一、古希腊与古罗马时期

Liberal Arts 的拉丁文为 Artes Liberales,博雅教育这一提法可以追溯到古希腊时期。这是一种适合"自由民"(free person,即公民,以区别于奴隶与外邦人)所实行的教育,其目的是培养有美德、知识渊博、能言善辩的好公民。其学习的主要科目有 3 门:语法、修辞与逻辑。它们被用于公开辩论,法庭上的辩护,或者担任陪审员等公民活动之中。

古罗马著名政治家、雄辩家、思想家西塞罗认为,教育不仅要重视知识的传授,也要培养独立的人格。在这一时期,博雅教育又延伸出另外 4 门学科:音乐、算术、几何与天文。这里的天文并非观察星空,而是探讨人与宇宙的关系。它们与之前的3门,合称为"七艺",体现了学识与人在精神、心灵上的联系,被公认为智慧的柱石。道理很简单,"七艺"是学习其他专门技能的重要基础。

二、文艺复兴时期

虽然古希腊的博雅教育对古罗马产生了巨大影响,但在罗马帝国后期,基督教开始仇视古希腊的文化,欧洲社会进入了宣扬神性、压抑人性的时代。直到资本主义萌芽出现之后,资产阶级于14世纪在意大利开始了"文艺复兴"运动。当时意大利地中海沿岸既是欧洲贸易的中心,同时,它又保留了相当数量的古希腊、古罗马的文化典籍。在复兴古希腊罗马文化的名义下,资产阶级鼓动人们摆脱传统的桎梏和权威的压抑,追求独立、自由的生活。从这一角度来看,"文艺复兴"是古希腊博雅教育的复兴,其核心是资产阶级人文教育,它的主题是反对神控制人。

意大利人文主义教育思想家P•P•韦杰里乌斯,早在15世纪前夕就根据古代文献撰写了《论绅士风度和博雅教育》,要求实施符合自由民的价值的教育,使受教育者获得身心的良好发展。到16世纪,不但所有关于教育方面的主要古典著作都已为人文主义学者所熟悉,一些教师、教育思想家和出版家还发表许多探讨"新教育"的论著。他们所要培养的不再是神职人员,而是社会、政治、文艺、商业方面的活动家和冒险家。

三、《1828耶鲁报告》

19世纪初,自然科学与实用技术在美国日益受到青睐,美国大学中的古典学科受到批评和攻击,还出现了向实用教育一边倒的倾向,同时还面临德国大学模式的挑战及英国花巨资建立伦敦大学(University of London)这些事件的影响。对此,耶鲁大学校长杰里迈亚·戴(Reverend Jeremiah Day,1773—1867;44岁任校长,长达29年:1817—1846)在1827年组织教授讨论如何应对这些纷繁复杂的情况,并于1828年正式发表了《1828耶鲁报告》(The Yale Report of 1828)。

《1828耶鲁报告》对大学的定位与培养目标、实现目标的方法都有详细的阐述,并且强调了实施博雅教育的重要性。

《1828耶鲁报告》指出,大学的目标应该是为优良的教育奠定基础。完整的教育的基础必须是广博、深入和坚实的。能从思想文化中获得的最重要的两点是:思维的训练与知识的教养,即增加心智的力量与知识的储备。而在这两者之间,思维的训练更为重要。

报告强调,学校给本科生所设计的课程,并不包含职业技能的学习。耶鲁大学的教育目的并不是传授某一特定的职业技能,而是传授所有职业都需要的基础课程。任何学科对于专业技能都是有帮助的,"各学科之间总会相互映照"。本科教育是专业技能学习的准备阶段,本科教育的最主要的目标在于使学生的思维能力平衡发展,使学生具备开放与全面的视野以及均衡发展的人格。大学课程设置体系的目的,不是进行仅仅包括几门科目的片面教育,更不是进行包含对所有学科浅尝辄止的肤浅的教育,也不是为完成某一职业的实用教育,而是在有限的时间内,尽可能地开始一个全面的教育课程。

值得注意的是,在《1828耶鲁报告》中,已经提到建立住宿学院的设想。

《1828耶鲁报告》反对大学本科教育的专业化,提倡博雅教育,这一报告成为美国19世纪最有影响的高等教育文献(见下图)。(关于《1828耶鲁报告》的详细介绍,参见本书第四章附录。)

四、纽曼的《大学的理念》

纽曼(John Henry Newman)1801年出生于英国伦敦,1890年去世。1820年毕业于牛津大学三一学院(Trinity College, Oxford University),1822年当选为牛

> REPORTS
>
> ON THE
>
> **COURSE OF INSTRUCTION**
>
> IN
>
> **YALE COLLEGE;**
>
> BY A
>
> COMMITTEE OF THE CORPORATION,
>
> AND THE
>
> ACADEMICAL FACULTY.
>
> ———
>
> NEW HAVEN:
> PRINTED BY HEZEKIAH HOWE.
> 1828.

《1828 耶鲁报告》的内封面

津大学奥里尔学院(Oriel College,亦称国王学院)教师,原信仰英国基督教,1845 年后皈依天主教,1879 年被教皇擢升为枢机主教。

1851 年,纽曼肩负起了在都柏林建设一所天主教教会大学的重任,任爱尔兰都柏林天主教大学校长,1858 年辞职,该校为目前爱尔兰最大的大学都柏林大学学院(University College Dublin)的前身。1852 年,纽曼在都柏林发表 5 场关于大学教育的演讲,加上其后有关的 5 篇文章,首次以《大学教育目的与本质之讨论》(*Discourses on the Scope and Nature of University*

Education)为名付梓。在其任职校长期间,他又在不同场合发表了许多演讲,1858年出版《大学目标演讲集》(*Lectures and Essays on University Subjects*),次年再版了《大学教育目的与本质之讨论》。1873年,他将以上两书合订为《大学理念之定义与阐明》(*The Idea of a University Defined and Illustrated*),即《大学的理念》一书。纽曼生前不断修订此书,直到他去世之前一年的1889年已经修订到第九版。

《大学的理念》是关于高等教育的经典著作,它倡导大学教育要实行博雅教育。纽曼所提倡的博雅教育理念的核心是培养学生"思考的能力",这样,尽管学生没有受过专业教育,但他们的水平足以胜任任何一种职业。

关于大学本身,纽曼说大学是传授普遍知识(universal knowledge)的场所,他强调大学的教学职能,认为大学是为传授知识而设,而非为科学研究而设。他提到:"如果大学的目的是科学和哲学发现的探索,我不明白为什么大学要有学生;如果大学的目的是进行宗教训练,我不明白它如何能成为文学和科学的中心。"纽曼所说的普遍知识随后又被表述为知识的所有分支(all branches of knowledge),虽然没有一所大学可以做到纽曼所说的,但纽曼所表述的重点是一所大学在原则上与理论上必须允许传授给学生所有的知识。

纽曼不仅强调知识的完全性,也强调知识的总体性、系统性。他说:"科学内容是一个完整的客观存在,范围过于庞大而人力有限,不能仔细学习所有内容,因此知识才被划分为若干科学领域。但这种划分只是一种人为的划分,而不是被割裂成几部分,每一门科学都须由其他科学来帮助、修正和完善,忽视任何一门科学都会伤害其他所有科学。如果把学生局限于某种专业或者职业,学生就不可能彻底掌握真理。相反,不把学生局限于某种专业或者职业,对学生传授所有领域的知识,发展学生的智力,才是对未来的最好准备。"

纽曼并不认为只有教师才对学生的博雅教育负责,他赞同住宿学院制度,把学生本身视为整个教育过程的一部分。他说,当一大群敏锐、开放、富有同情心、善于观察的年轻人聚在一起,就算没有老师,他们也一定会互相学习,他们之间的交谈就是对每个人的讲座,就是在学习他人思考问题的新观点、新角度,他们能学习到新的思想、与己不同的判别和行动的原则。(复旦大学前校长谢希德曾说过:学生之间相互学习非常重要。)

五、19世纪中期,博雅教育日渐式微

在这一时期,博雅教育受到了巨大冲击,究其原因有三:德国大学模式的影响,赠地学院的成立,实用科学备受推崇。

在19世纪,德国开始了高等教育改革,1810年,德

国教育厅厅长洪堡（Wilhelm Von Humboldt）创建了柏林大学（University of Berlin，1949 年更名为 Humboldt University of Berlin），实行教学与科研的统一（unity of teach and research）。同时，随着科学技术的发展和工业的进步，培训各种专门人才的大学开始发展起来，德国大多数工科大学就是建立于 19 世纪的。这些工科大学区别于传统大学，建立在自然科学，特别是数学和物理的基础上。德国的大学开设了博士课程，也吸引了越来越多的美国人到德国留学，攻读博士学位。据统计，从 1801 年到 1900 年的 100 年间，英国和法国取得的重要科学成果分别为 198 项和 219 项，而德国有 356 项，遥遥领先。德国于 1850 年开始产业革命，在世界上率先实现电气化，发明和开始使用内燃机等新技术，到了 1895 年，它的各种工业产品，无论在数量上还是在产量上均压倒英国，跃居欧洲第一位。德国成为 19 世纪 30 年代到 20 世纪初的世界科学中心。

受此影响，在 1869—1909 年任哈佛校长的艾略特（Charles William Eliot），在任期间首创在美国大学开始选修课制度，同时着重发展研究生院和专业学院，把哈佛转型为德国现代研究型模式的大学。艾略特制定了哈佛的座右铭，并下令将其镌刻在校园大门的横梁上。人们进门前可看到：ENTER TO GROW IN WISDOM（入门以增长智慧）；在出门前可看到：DEPART TO

SERVE BETTER THY COUNTRY AND THY KIND（离开后更好地服务于国家和人民）。

1850年，全美拥有120所学院、47所法学院、42所神学院，然而没有一所学院能够培养合格的农艺师、机械工或商人。高等教育与生产和科技发展不相适应的矛盾日益尖锐，即使到了1862年，美国专供工科学科研究的学校也只有6所。1862年，美国国会通过了《莫里尔法案》①（Morrill Act，也称《赠地法案》），规定联邦政府在每个州至少资助一所从事农业和机械工程教育的高等院校以及要有相应的保证措施，随后在1890年通过了第二个《莫里尔法案》。第一个法案规定了赠送土地，第二个法案规定了给予赠地学院正式拨款，这两个法案有效保证了这些新型技术学院的兴建与运作。联邦政府着重优先发展农业高等职业教育，先后有69所赠地学院成立。

赠地学院的出现，强调了高等教育的经济功能。为社会服务，重视专门技术，培养实用人才成为当时美国高等教育的显著特点。其代表是威斯康星（University of Wisconsin）大学的校长范海斯（Charles Vanhise），他在概括"威斯康星思想"（Wisconsin ideal）时指出："州立

---

① 关于《莫里尔法案》，参见杨福家：《从复旦到诺丁汉》，第197~199页，上海交通大学出版社，2013年。

第一章 博雅教育的发展史

哈佛大学的校门之一

进门前所见

出门前所见

(此照由哈佛大学阎晓伟先生摄于 2014 年 1 月 17 日,特此感谢)

大学的生命力在于她和州的紧密关系中,州需要大学来服务,大学对州负有特殊的责任。教育全州男女公民是州立大学的任务,州立大学还应促成对本州发展有密切关系的知识的迅速成长。州立大学教师应用其学识专长为州做出贡献,并把知识普及于全州人民。"大学直接为社会服务被正式确定为继教学与科研之后的第三项主要社会职能。从此之后,大学不仅为社区普及农业科学知识,也提供许多有关卫生、经济、管理与教育等方面的咨询,成为州的"智囊"。

赠地学院"短期课程"随之设立,用以推广农业科技和机械工艺知识。在此背景下,越来越多的学校开始推崇实用科学,使美国高等教育的结构发生了变化。各大学间的竞争愈加激烈,学校为了得到联邦政府的资助,不得不改变以实行博雅教育为主的课程,而开设更多的实用性更强的专门技术课程,使高等教育面向工农业生产第一线。在培养目标上,学校开始转向培养各种职业的专门技术人才;在课程设置上,欧洲古典课程逐渐衰微,日渐被实用性课程所取代。

六、1919年开始形成的"哥大模式"

美国哥伦比亚大学建立于1754年,是美国最早建立的5所大学之一,在成立之初只有8名学生。但在建校之初,哥伦比亚大学就制定了培养目标:扩展思维,加深理解，打造全人。(Enlarge the mind, improving the understanding, polish the whole man.)

  美国于1917—1918年参加第一次世界大战时，许多美国人不明白为什么美国要卷入欧洲事务，所以美国政府感觉到必须对自己的国民进行西方文明史教育，使人们明白美国的文明源自欧洲，美国不能脱离欧洲独善其身。很多学校在政府的资助下开设了名为"战争目的"(war aims)或"战争问题"(war issues)的课程。战争结束后，很多学校不再开设这门课程，但哥伦比亚大学却把这个课程发展成较为系统的"西方文明"核心课程，它与"人文经典"核心课程构成了博雅教育课程的典范，这些课程贯穿本科学习的前两年，形成了"哥大模式"。大学生在前两年里，通过听课、阅读、讨论和辩论等方法来学习和理解西方文明以及在不同时期所产生的最有代表性的、最具智慧的经典著作，这与我国传统教育中的"经-史传统"十分相似。其教学方式则是小班化和师生间的充分研讨、交流，强调培养学生的批判性思维，重视基本能力的磨练而非知识的灌输，学生直到第三学年才开始选择专业，进入专业学院学习。

七、芝加哥大学哈钦斯校长的《高等教育在美国》

  芝加哥大学(University of Chicago)于1892年成立，代表着当时最新型的研究型大学，所有院系都高度强调专业化。哈钦斯（Robert Maynard Hutchins）在1929年担任芝加哥大学校长时，年仅30岁。他实施了与研究型大学截然不同的教育理念，他学习哥伦比亚大学本科前两年的博雅教育经验，并把它扩大到芝加哥大学整个本科4年，即前3年的课是人文科学3门，社会科学3门，自然科学3门，数学1门，在第四年则称为"整合"课。哈钦斯批判美国的高等教育已经完全走入歧途，充满了功利主义、实用主义、专业主义、唯科学主义、唯技术主义、唯市场取向的庸俗化方向。他在1936年发表的《高等教育在美国》（*Higher Learning in America*）中指出，美国教育从中学到大学，已经混乱不堪，完全失去了教育的自主方向。他认为大学应该为不同系科、不同专业的学生提供共同的精神文化基础，这就要求不同系科、不同专业的学生接受一种共同的教育。他提倡大学生在进入专业研究之前，应研究"西方经典"（great books）。哈钦斯的以西方经典阅读为核心的4年制本科生院方案引起轩然大波，多次被否决，直到1942年，他的本科生院方案才最终获得通过，芝加哥大学由此建立了强化博雅教育的本科教育体制。

哈佛大学校长劳威尔（Abbott Lawrence Lowell，任期为1909—1934年），其理念则接近哈钦斯，他反对哈佛前校长艾略特实行的自由选修课制度，而且反对把重心放在研究生院,他把选课制度改革成为主修与分类选修(concentration and distribution),走回了强调本科生院和本科必修课的博雅教育模式。

八、1945年的"哈佛红皮书"

在哈佛校长科南特(James Bryant Conant)任期(1934—1954)内,于1945年出版了著名的"哈佛红皮书":《自由社会中的通识教育》(General Education in a Free Society,见下图),提出教育不仅是知识的传授,更是心灵的陶冶,包括有效的思考、有效的沟通能力、作出适当判断的能力和价值判别的能力。并总结为:沟通是基础,有效的思考是核心,价值判别涉及广泛的应用,最终将所学用于实践,培养好公民。

从1943年到1945年,"哈佛红皮书"一共花费了两年半的时间成稿。科南特组织了12位教授,进行了大量的讨论和调研,他在序言里说,这本书的题目或许改为"美国教育研究"更为贴切。在谈及为什么用"通识教育"(general education)代替"博雅教育"(liberal education)作为书名时,科南特解释说,如果只是对哈佛的本科教育来说,那么显然博雅教育更为适合,但这一报告不只对此,它研究美国当前的教育体系,希望涵盖美国的所有教育阶段,所以使用了通识教育这一词。报告指出,高等教育不仅是让学生获得信息,或获得特殊技能和才能,而且必须通过通识教育为其社会成员提供共同的知识体系,因为如果没有这样的共同基础,美国社会就会分崩离析。

"哈佛红皮书"规定大学毕业要完成的最低限的16门科目中,主修仍为6科,博雅教育课程占6科(将原来的4科增加2科,而自由选修则由原来的6科减为4科)。6科的博雅教育课程必须在人文、社会科学、自然科学3大领域选择,而其中人文领域中至少要读"文学经典名著"(great texts of literature) 1科,此外,可以选读文学、哲学、美术、音乐方面的科目;社会科学领域中至少要读"西方思想与制度"(western thought and institutions) 1科,此外可以选读美国的民主,以及人际关系方面的科目;自然科学领域中可以选读自然科学概论、数学、物理、生物等方面的科目。人文科学的学习能更清晰地认识人的本质并有助于人与人之间和谐相处;社会科学的学习有助于理解社会环境和人类普通的风俗习惯进而在其中更好地生活;自然科学的学习有助于理解所处的世界进而与其保持适当的关系。担任这些课程的教师都是人文、社会、自然各科系推选出的有名望的教授,因而任教本身就是一种荣誉。科南特校长是著名化学学者,但对历史和西方经验主义素有研究而享盛名,他也开设了"自然科学史"和"休谟的哲学"两门博雅教育课程。

博雅教育

"哈佛红皮书"的内封面，1950年的版本

1945年的《自由社会中的通识教育》以及1947年总统高等教育委员会发表的题为《为美国民主社会服务的高等教育》(*Higher Education for American Democracy*)的报告,掀起了美国通识教育运动的高潮。

　　关于哈佛大学新通识教育大纲,见下章附录一。

博雅教育在中国
——博雅教育在我国古代儒家经典中的体现

博雅教育与专业教育的不同之一,在于教育的目的。在我国儒家经典中,对于教育目的之论述与博雅教育有十分类似的表述。

《论语》是儒家的经典著作之一,由孔子的弟子及其再传弟子编撰而成。它以语录体和对话文体为主,记录了孔子及其弟子的言行,集中体现了孔子的政治主张、伦理思想、道德观念及教育原则等。《论语》与《大学》、《中庸》、《孟子》并称为"四书"。通行本的论语共有20篇。在第二篇《为政》中,提出了教育的目的:"子曰:'君子不器。'"

"君子"指人格完善、具有道德表率的人,是人们所追求的典范。"器"指器物、工具。简单来说,这句话是指,有修养、有道德的君子,不能像工具一样,作用只限于某一个方面。南宋理学家、教育家朱熹(被人尊称为朱子)的《论语集注》,对器的解释为:"器者,各适其用而不能相通。成德之士,体无不具,故用无不周,非特为一才一艺而已。"

同为四书之一的《大学》相传为孔子的弟子曾子所作,其开篇第一句即为:"《大学》之道,在明明德,在亲民,在止于至善。"(香港大学校训:"明德格物"即出于《大学》。)"大学"在古代有两种解释:一为博学;二为相对于小学而言。古人8岁入小学,学习"洒扫应对进退、礼乐射御书数"等文化基础知识和礼节;15岁入大学,学习伦理、政治、哲学等学问。第一个"明"当动词,含义为彰显,而其后的"明德"一般认为有两种含义:一是优良的品质、优秀的道德;二是人性自身的本来德性。"亲民"在《大学》的解释中即为"新民",表达了要除去旧的污染而自新,最终达到完善的境界。

博雅教育强调"做人第一,修业第二",这一表述在儒家经典,甚至是蒙学教育读物中随处可见。

唐朝韩愈说:"师者,所以传道受业解惑也。"传道是第一位的,而受业——传授知识则是第二位的。

《论语》的《学而》篇中写道:"弟子入则孝,出则弟,谨而信,泛爱众而亲仁。行有余力,则以学文。"意为:后生小子,在父母跟前,就孝顺父母;离开自己的房子,便敬爱兄长;寡言少语,说则诚实可信,博爱大众,为亲近有仁德的人。这样躬行实践之后,有剩余的力量,就再去学习文献。(A youth, when at home, should be filial, and, abroad, respectful to his elders. He should be earnest and truthful. He should overflow in love to all, and cultivate the friendship of the good. When he has time and opportunity, after the performance of these things, he should employ them in polite studies. (黄河清,理雅谷,张旭萍,2010.10)

简言之,"孝"指回报父母的爱,"弟"指兄弟姐妹的友爱。弟是悌的通假字。孔子认为孝悌是做人的根本,在达到孝悌、谨信、爱众、亲仁这一系列道德修养后,再学文。

清朝李毓秀在这一表述的基础上,写了《训蒙文》(后改名《弟子规》)。

《弟子规》分为5个部分,具体列述弟子在家、出外、待人、接物与学习上应该恪守的守则规范。在开篇总序中就写了:"弟子规,圣人训,首孝弟,次谨信。泛爱众,而亲仁,有余力,则学文。"

另一经典蒙学读物《三字经》,其作者一直存疑,但人们一般认为南宋学者王应麟是其作者,距今已有700多年历史。《三字经》还有满文、蒙文译本,1990年新加坡出版的英文新译本更是被联合国教科文组织选入"儿童道德丛书",在世界范围内推广。《三字经》中有:"首孝弟,次见闻,知某数,识某文。"强调做人首先要有孝顺父母、友爱兄长这一道德品质。

"知行合一"则是由王守仁(阳明先生)在明武宗正

德三年(1508年)提出,是指中国古代哲学中认识论和实践论的命题,他说:"知是行之始,行是知之成。"(知是行的主意,行是知的功夫。)陶行知先生原名陶文俊,在1912年,他开始信奉这一主张,另取名"陶知行",在1914年赴美留学后,师从美国教育家杜威,杜威强调"从做中学",即先行后知。在1917年,陶行知回国后,正式改名为"陶行知"。

另外,复旦大学的校训"博学而笃志,切问而近思"也出自《论语》的《子张》篇,其原文为:"子夏曰:'博学而笃志,切问而近思,仁在其中矣。'"即体现了既要广博知识的学习,又要有质疑思考的精神。

诺贝尔奖获主李政道教授看到这两句校训后即说:"这两句话的第二个字合起来就是学问。学问,学问,是学习问问题,不是学习答问题。"后来他又说:"要创新,需学问;只学答,非学问。要创新,需学问;问愈透,创更新。"爱因斯坦(Albert Einstein)也说过:"我没有什么特别的才能,只不过喜欢寻根问底地追究问题罢了。"

真正的书院*
——访问港澳大学住宿学院有感

记得有人曾问笔者:"你强调住宿学院(residential college,简称书院),我们学生大都住宿,有什么不同呢?"

笔者回答:"在我们学生宿舍里,也有辅导老师的住房,但他们都是学生的哥哥、姐姐。在一流的住宿学院里,有'又高又大的人'(指一流的导师)住在里面。"

这些导师生活在学生之中,以育人为第一要职。

从此培养出来的学生会感到:"我的眼是康桥教我睁开的,我的求知欲是康桥给我拨动的,我的自我的意识是康桥给我胚胎的。"(徐志摩谈康桥的影响。)【康桥,即剑桥。】

学校是否一流,就看学生在毕业时是否会感到:这个学校改变了我一生。徐志摩就读的英国剑桥大学就

---

* 本文发表于2015年2月6日的《文汇报》,这里全文转载,有些内容在本书内也有叙述。

是这样的大学。剑桥大学的三一学院是世界上最有名的住宿学院之一，由英国国王亨利八世建于1546年。牛顿（Issac Newton）、培根（Francis Bacon）、达尔文（Charles Robert Darwin）、麦克斯韦（James Clerk Maxwell）、卢瑟福（Ernest Rutherford）、尼赫鲁（Jawaharlal Nehru，印度第一任总理）均出于这一学院。至今共有32位诺贝尔奖得主、4位菲尔兹奖得主从此学院走出。笔者有幸在剑桥的三一学院住了一晚，参加首席导师的期末宴请，160余位导师及夫人如数出席，以感谢他们为书院600余名学生所作的贡献。首席导师是勋爵（全英200位），又是院士。还担任过英国皇家科学院院长。既是院士，又是勋爵，那真是少中又少，但这个晚上，笔者遇到了3位。这就是人才辈出的剑桥三一学院！这就是站在世界顶峰的书院！

最近笔者访问了港澳的书院，看到了它们正在往这一方向迈进。

一、香港中文大学的书院

香港中文大学共有9个书院，笔者访问了其中的敬文书院。它与笔者于1996年4月访问过的逸夫书院相比，可说是"换了人间"。

敬文书院（CW Chu College）于2007年成立，于

2012年录取首批学生。书院以朱敬文博士命名。朱敬文博士大半生在香港奋斗发展，事业有成，慷慨捐助教育，扶掖后进，亲力亲为。大学特以他的名字为书院命名，以纪念朱博士的行谊事业。

2011年11月25日，书院正式举行奠基典礼，出资者为朱敬文博士的后人、弟子，以及朱敬文教育基金会。

敬文书院为一所可容纳约300名学生的小型书院，亦是香港中大3所能提供4年全宿的书院之一。每年招收学生不超过75人，计划4年共有300名学生在该书院就读。

香港中文大学敬文书院的亮点：

前副校长、物理学家杨钢凯教授担任院长，住在书院内，还亲自上课。笔者去的那天，他从上午11点半到下午2点半，上3小时课：讲1小时，讨论2小时。主要教材有2本：

（1）与自然对话。共290页，内容包含：柏拉图（Amicus Plato）、亚里斯多德（Amicus Aristotle）、牛顿（Isaac Newton）、达尔文（Charles Darwin）、沃森（James D. Watson；1953年，25岁的美国生物学家沃森与37岁的英国生物学家克里克，提出DNA分子结构的双螺旋模型）等学者的原始论文。还有：沈括的《梦溪笔谈》，除这篇是中文外，其余均为英文。

（2）与人文对话。共466页，既有马克思（Karl

Marx)的《1844经济学哲学手稿》、亚当·斯密(Adam Smith)的《国富论》,也有《论语》,《庄子》,黄宗羲的《明夷待访录》(大都为节录)。中英文各占一半。

杨钢凯教授是物理学家,但他的文学根基深厚。在他身上,充分体现了科学与人文的完美结合。

我们在该书院的学生食堂进晚餐,有4位学生,还有兼职教授杨振宁先生,一起与我们进餐。杨振宁先生虽已92岁高龄,但仍给学生上些课,去年11月,还在美国《今日物理》发表文章,详细介绍以19世纪最伟大的物理学家麦克斯韦命名的方程:它的起源和它与规范场的关系。

二、澳门大学的书院

在香港之后,笔者又应邀去澳门大学,花了整整两天参观了该校8个书院中的6个。每个书院都是以出资者的名字命名,学院的院长(首席导师)都是从世界招聘来的资深教授、著名学者,且有行政工作经验。例如,刘全生教授是一流的激光与等离子体相互作用的专家,曾任美国马里兰大学物理系教授、系主任,台湾中央大学校长。还进了钟玲院长家里,她是美国威斯康星大学比较文学博士,是当代文学研究专家。她曾在美国高校任职20年,后到香港浸会大学任讲座教授、院长、副校长。她的家在书院里,约100平方米。

澳门大学的核心人物当然是赵伟校长，他于2008年起出任澳门大学第八任校长，也同时担任澳门大学首位讲座教授（电脑及资讯科学）。在此之前，赵伟教授先后担任过美国伦斯勒理工学院理学院院长、美国国家科学基金会电脑与网路系统分部主任及美国德克萨斯农工大学主管科研工作的资深副校长。在中国留美的学者中，他是美国联邦政府和高校担任最高职位者之一。在港澳地区，他是第一位经全球招聘成为大学校长的内地华人。他是中国多所大学的客座及名誉教授。2005年，他被中国旅美科技协会授予"终身成就奖"。2007年，他被中国电脑学会授予"海外杰出贡献奖"。回国后，赵伟教授努力推动中葡合作，12所葡萄牙大学于2011年3月颁授其荣誉博士，以表彰他在科学和教育的杰出成就。

自赵伟教授出任澳门大学校长以来，目标就是要使澳门大学成为世界一流大学。2010年9月，澳门大学开始试行"住宿书院计划"，并在2011/2012学年推出全新的核心通识课程。

依笔者观察，赵校长的雄心壮志一定会实现。因为，书院中的"又高又大的人"已经到位；他们都有国际视野，都是以学生为中心，以育人为第一要责。

从港澳大学的书院,笔者自然地想起 1998 年 10 月 5 日联合国教科文组织在巴黎召开的"迎接 21 世纪的高等教育"大会,最后的总结有 3 条:以学生为中心,走向国际化,终身受教育。澳门大学的实践,不是很值得我们思考吗?

■ 附：吕叔湘先生说的比喻*（叶圣陶）

最近听吕叔湘先生说了个比喻，他说教育的性质类似农业，而绝对不像工业。工业是把原料按照规定的工序，制造成为符合设计的产品。农业可不是这样。农业是把种子种到地里，给它充分的合适的条件，如水、阳光、空气、肥料，等等，让它自己发芽生长，自己开花结果，来满足人们的需要。

吕先生这个比喻说得好极了，办教育的确跟种庄稼相仿。受教育的人的确跟种子一样，全都是有生命的，能自己发育、自己成长的；给他们充分的合适的条件，他们就能成为有用之才。所谓办教育，最主要的就是给受教育者提供充分的合适条件。

办教育决不类似办工业，因为受教育的人绝对不是工业原料。唯有没有生命的工业原料可以随你怎么制造，有生命的可不成。记得半个世纪以前，丰子恺先生画过一幅漫画，标题是《教育》。他画一个做泥人的师傅，一本正经地把一个个泥团往模子里按，模子里脱出来的泥人个个一模一样。我现在想起那幅漫画，因为做泥人虽然非常简单，也算得上工业；原料是泥团，往模子

---

* 本文摘自《叶圣陶教育名篇选》（人民教育出版社，2007 年 11 月，第 79 页）。

里一按就成了产品——预先设计好的泥人。可是受教育的人绝非没有生命的泥团,谁要是像那个师傅一样只管把他们往模子里按,他的失败是肯定无疑的。

但是比喻究竟是比喻,把办教育跟种庄稼相比,有相同也有不相同。相同的是工作的对象都有生命,都能自己成长,都有自己成长的规律。不同的是办教育比种庄稼复杂得多。种庄稼只要满足庄稼生理上生长的需要就成,办教育还得给受教育者提供陶冶品德、启迪智慧、锻炼能力的种种条件,让他们能动地利用这些条件,在德智体各方面逐步发展成长,成为合格的建设社会主义的人才。

对受教育者提供充分的合适的条件,让他们各自发挥能动作用,当然比把他们往模子里按难得多。但是既然要办教育,就不怕什么难,就必须得把这副难的担子挑起来。(1983 年 1 月 6 日)

2014 年 9 月,国务院参事室、中央文史研究馆共同编写的《中华传统美德壹百句》由人民出版社正式出版。精选了上自先秦下迄晚清,涵盖文、史、哲等多个领域的经典名句,按照自强、诚信、仁义、智勇、正气、孝慈、廉耻、礼敬、勤俭、中和等 10 个修身德目进行分类,此书对弘扬中华传统美德有极为重要的意义。笔者建议有兴趣的读者参阅此书,可以更好体会博雅教育所强调的"做人第一"的理念。

第二章
博：科学与文史

如果我们观察一下世界一流顶尖大学就会发现，其在科学上的贡献都与文化有关。世界上一流本科教育都把"做人"放在第一位。不管是"做人"还是"修业"，都离不开文史与科学，离不开文史与科学的交融。而科学，特别是科学史与科学精神，同样包含着做人的道理。

科学与文史的融合[*]

科学是一种文化

在《大英百科全书》(*Encyclopaedia Britannica*)第五卷中将文化定义为——文化：人类知识、信仰和行为的整体。

不论是知识，还是信仰和行为，都与科学有关。徐善衍教授曾在《中国科学报》(2012年1月2日)发表了一篇精彩的文章，标题是"科学是一种文化"。现把文中精彩语句集中一下："在不同版本的现代汉语词典、辞海中，都对'文化'作出了这样的注解：文化是在人类社会历史发展过程中所创造的物质财富和精神财富的总和。……精神财富：如文学、艺术、教育、科学等。这让我们不能不注意到：文化，无论是广义上还是狭义上的定义，其内涵都包括科学，也就是说，科学是文化的一部分，而

---

[*] 本文部分内容已发表于2012年8月15日的《文汇报》，中国科学院网站当天转载。后又做了些修改补充。

且是一个重要的组成部分。""科学作为一种文化,既包括科学知识、科学思想、方法和科学精神,也包括科学基础上形成的技术,构成了一种软硬实力兼有的文化。"

在读了上述论述后,我们就不难理解,李政道在2000年出版的《科学与艺术》一书所说:"科学和艺术的关系是同智慧和情感的二元性密切相联的。对艺术的美学鉴赏和对科学观念的理解都需要智慧,随后的感受升华与情感又是分不开的。没有情感的因素和促进,我们的智慧能够开创新的道路吗?而没有智慧的情感能够达到完美的意境吗?所以,科学和艺术是不可分的,两者都在寻求真理的普遍性。普遍性一定根植于自然,而对自然的探索则是人类创造性的最崇高的表现。事实上如一个硬币的两面,科学和艺术源于人类活动最高尚的部分,都追求着深刻性、普遍性、永恒和富有意义。"

在纪念李政道教授80大寿时出版的一套丛书中,有一本的书名就是"李政道文选(科学与人文)"。科学与人文的关系在李先生的精彩人生中有十分生动的体现,也在这卷400余页的书中显现得淋漓尽致!

2015年4月19日上海自然博物馆新馆开馆迎客,新馆的新高度就是:科学与美学完美结合。(参见2015年4月18日《文汇报》刊载的樊丽萍的文章。)

如果我们观察一下世界一流顶尖大学就会发现,它们在科学上的贡献都与文化有关。例如,美国的普林斯顿大学(Princeton University),它在科学上的成就与它特有的文化——"美丽的心灵"密不可分。它允许教授多年不出文章,也不问他在做什么,更不会统计他一年内发表了多少篇 SCI(*Science Citation Index*)文章,怀尔斯(Andrew Wiles)就是这样的一位科学家,经过 9 年默默无闻的工作后,解决了 360 年没有解决的大难题。结果,他在 1998 年获得了国际数学联盟颁发的第一个,也是唯一一个菲尔兹特别贡献奖。美国获得的菲尔兹奖(有数学诺贝尔奖之称)总数的一半源于普林斯顿大学。它还允许身患精神疾病的纳什(John Nash)教授继续留在校内逾 30 年,结果纳什获得了 1994 年诺贝尔经济学奖。获奥斯卡奖的电影《美丽的心灵》就描述了这个故事。"美丽的心灵"正是普林斯顿大学的文化。

很多学校的校训就反映了学校的文化,学校的办学理念。

批判性地阅读

至于科学与历史的关系,那就更容易理解:科学史是人类历史的一部分,而且是重要的一部分。不仅如此,而且在方法上也相通:掌握"批判性地阅读"对学好历史至关重要[这就是为什么美国不少大法官都曾在历史系取得学位,美国第 43 届总统小布什(George Walker Bush),本科就是毕业于耶鲁大学历史系];而对从事科学的学者，"批判性地阅读"也是获得创造性成果的关键。"批判性地阅读"讲究逻辑，而逻辑更是数学的最重要的法则。了解这一点，就不会奇怪，为什么大学毕业于历史专业的爱德华·威腾①可以获取数学最高奖——菲尔兹奖。其实，历史不仅与数学有关，而且也与艺术相关，从艺术作品中可以学到历史，因为很多历史隐藏在艺术之中。例如，法国画家杰洛姆（Jean-Leon Gerome，1824—1904）就是历史题材大师。同样，一些获得大奖的艺术作品也取材于历史，例如，2001年荣获第73届奥斯卡5项大奖的电影《角斗士》（Pollice Verso，Gladiator）就是这样。学科之间都是相通的。

由于人们不重视科学历史，往往会犯常识性的错误。例如，2011年欧洲有人可能发现"中微子的速度超过光的速度"（2012年已否定了这一结果），就有不少大文章惊呼："横空出世的爱因斯坦相对论要被颠覆了！"这句话完全是对历史的无知。在爱因斯坦的办公室的墙上有3幅照片：牛顿、法拉第和麦克斯韦，他们都是英国科学家。爱因斯坦尊重历史，并完全懂得，他的创造是基于这3位科学家的贡献。1931年，在纪念麦克斯韦诞辰100周年时，爱因斯坦评价麦克斯韦的电磁场理论

---

① 威腾1971年毕业于布兰代斯大学（Brandeis University），获得历史学学士学位（辅修新闻学）；1976年获得普林斯顿大学的应用数学博士学位。1990年获得菲尔兹奖。

是:"自牛顿时代以来物理学所经历的最深刻、最有成效的贡献。"(The most profound and the most fruitful that physics has experienced since the time of Newton.)

法拉第是实验高手,他把表面上毫不相关的电、磁现象联系了起来,而在 1864 年,在法拉第逝世前 3 年,麦克斯韦把法拉第等人在过去半个世纪以来所发现的电磁转化的实验规律用一组(4 个)方程式加以概括;由于数学对称性的需要,而不是法拉第的实验的需要,麦克斯韦在方程式中加了一项,其中有个常数,代表电、磁强度之比,它正是电磁波传播的速度,即光速。在麦克斯韦方程式中没有任何速度参考系,即光速是不变的常数。(1963 年诺贝尔物理奖得主维格纳(Eugene Paul Wigner)曾说:"数学在自然科学中发挥了难以理解的作用。")

迈克尔逊(Albert Abraham Michelson)等人花了 6 年时间用实验证明光速的不变性,以此,迈克尔逊成为美国第一位荣获诺贝尔物理学奖的科学家。爱因斯坦敏锐地接受了这一结果,并把它作为出发点之一创建了闻名世界的相对论。这一理论依据的是实验,后来又被大量实验所证明,因此,至少在电磁相互作用范畴内,要推翻爱因斯坦的理论是不可能的:这正是科学史告诉我们的结论! 同样,在宏观低速范畴里,要推翻牛顿定律,也是不可能的。

做人第一,修业第二

除此之外,科学与人文之间还有更深层次的关联。

一位从小在美国长大的华裔科学家叶萌,他曾是耶鲁大学的副教授,后为美国东北大学(Northeastern University)的教授,写信①给笔者:他进入以科技闻名世界的斯坦福大学后,被告之:前两年不分专业,不管你兴趣在哪里,都必须选修一类为期一年(春、秋、冬3个学期)的课程:"文化、观念和价值观"。在这一课程上,不仅要求学生学习西方传统经典(柏拉图、笛卡尔、马克思等人的著作),而且也要学生接触世界其他文化的代表人物与经典著作(例如,中国的孔孟之道)。课程的中心围绕着"人何以为人"这一主题展开。无论学生将来选择什么专业,都必须首先回答这个问题。前两年教育的

---

① 信的原文:I was fortunate enough to attend a university (Stanford) which believed deeply in liberal education. At Stanford, we were not required to declare a major until the third year. Many of my friends changed majors several times before finally deciding. During the freshmen year, all students were required to take a year long courses called "Cultures, Ideas, and Values." In this course, we were exposed to not only the classical Western canon (from Plato to Descartes to Marx) but also classic works from other world traditions (Confucius and Mencius, for example). The central focus of the course is to answer the question of what it means to be a human being. It is understood that all students must first answer this question, no matter what their prospective majors are. **Human being first, professional second.**

目的是希望学生懂得"做人第一,修业第二"。叶萌在信中总结道:"这是对我一生有很大影响的两年。""做人第一、学业第二",这就是"雅"。请注意,这里是斯坦福大学,不是以培养领袖为己任因此注重政治的耶鲁大学,而是一所标准的科技大学。

习近平主席(2013年5月4日)也说过,他插队时定下的座右铭是:从修身开始。

不管是"做人"还是"修业",都离不开文史与科学,离不开文、史与科学的交融。文学家沙叶新在听了温家宝总理2012年3月在记者会上的讲话后说:"腹有诗书人自华①。'华'指的是有文采,有光彩;更重要的则是有教养,有品格……古典诗文充满了人文情怀和道德教诲。长期浸染其中,当然会受到良好的影响。"

科学,特别是科学史与科学精神,同样充满着做人的道理。

世界上一流本科教育都把"做人"放在教育的第一位。美国有一批非常优秀的本科院校,称之为博雅学院(Liberal Arts College),"博"指广博的知识,"雅"指素养、修养。通过在课堂上受到的讨论式的、相互质疑的教育,在住宿学院内受到的名师的熏陶,在第二课堂内(学生社团、社会实践和参与科研项目)受到的锻炼,学

---

① 谢谢国务院参事室周巍副司长指出:苏轼在《和董传留别》中的原句是"腹有诗书气自华"。

博雅教育

宁波诺丁汉大学毕业生离校前都会在校园里种棵树,并在前面立一个纪念牌,上面写上对过去4年最有感受的话。这张照片是2012年的毕业生立的纪念牌

生就敢于争辩,追求真理,懂得思考,学会做人,学会与人相处。可以说,世界上最顶尖的本科院校都是贯彻博雅教育的院校。

我国很多高中就已经分文科班、理科班;学生一进大学就被分入很细的专业,就使学生把学习与将来的职业联系起来。这些做法都不利于培养全面发展的人、有创新能力的人,也不符合当今文化、科技发展的规律。这些做法也会使很多学生在将来感到有难以弥补的遗憾!

奠定耶鲁大学成为世界顶尖大学基础的《1828耶鲁报告》,在186年前就明确指出:我们的教育应是"全面的教育",我们培养的人应该"具备全面知识并拥有高尚的品德,这样才能成为社会的领军人才,并在多方面有益于社会。他的品质使他能够在社会的各阶层散播知识之光"。

【注一】 2012年9月14日温家宝总理在清华大学发表演讲,他引用《易经》中"天行健,君子以自强不息"、"地势坤,君子以厚德载物"的话,勉励学子们树立"完整人格"……"厚德载物"就是要像大地那样广博宽厚,容纳万物……厚德,就是要加强道德修养。清华老校歌中说"器识其先,文艺其从",意思是说上学受教育,首先学习的是"气度"和"胆识",学文学艺是第二位的。这里的胆识和气度其实就是泛指做人的问题,文艺其实就是为学的问题,为人与为学相比,不能不占首位。

这与本文中讲到的世界名校、耶鲁大学的育人理念"我们的教育应是'全面的教育',我们培养的人应该'具备全面知识并拥有高尚的品德'",斯坦福大学要求学生"做人第一,修业第二",都是不谋而合。

【注二】 上面温家宝总理引《易经》中的话,在莫言与杨振宁这两位诺贝尔奖得主的对话中(《科技日报》,2013年5月20日),莫言也引用了。

杨振宁:还要问莫言一个问题。物理学家都要面对方向选择的问题,尤其是在成熟期。在这方面,把中国和德国的物理学家的方向作一个比较,会发现民族差异很大,中国的科学家会很实用、务实,德国科学家则容易走极端。这种民族性在文学界是不是也有？

莫言：民族性对人潜移默化的影响，在文学界肯定也有。民族性的形成是个大话题了，它包括很多方面。民族性，我感觉也可以理解为国民性。中国的国民性《易经》早已给我们树立了一个标杆，即"天行健，君子以自强不息，地势坤，君子以厚德载物"，前一句代表进取，后一句代表包容。在文学创作中，重要的有一条是"文以载道"说，就是教育国民，开启民智。但具体写作的时候，作家并不刻意有选择，更多是盯着人。比如鲁迅就一直在剖析国民性。当代的作家呢，他也是国民的一分子，受传统文化影响，而传统文化其实集中地表现了我们的民族性。一个作家也遗传着这种国民性。他的作品塑造人物，也是在研究国民，如果塑造的人物有典型意义和普遍性，就会获得认同，让读者从中发现自己。

杨振宁还讲到：9年前，范曾先生画了一幅大画送给南开大学数学研究所，画的是我与陈省身先生之间的对话，把我和他的神态、表情都表现得非常好，我尤其欣赏的是范曾在画上的自题诗，其中有一句"真情妙悟铸文章"①。我认为这7个字将科学研究所必经的过程说得非常清楚。先要有真情，就是浓厚的兴趣，然后是妙悟，

---

① 感谢杨振宁教授为本书邮来这幅画的副本，并同意在本书中用此画。它与笔者在南开大学见到的原作几乎一模一样。特摄影收入本书。

第二章 博:科学与文史

范曾先生的画

有了它才能有结果：铸文章。这三部曲道尽了科学研究必经的过程。

【注三】2013年5月25日中国科协年会"国际科学大师论坛"在贵阳举行，会上，杨振宁教授用中国古典诗文阐述世界著名物理学成果中所蕴含的美，将方程式比作"造物者的诗篇"。他从两位20世纪的国际著名物理学家狄拉克（Paul Adrien Maurice Dirac）和海森堡（Werner Karl Heisenberg）谈起。他说，每一位画家、音乐家、作家，都有自己独特的风格。也许有人认为科学与文艺不同，科学是研究事实的，事实就是事实，难道还有风格？以物理学为例，物理学的原理有它的结构，这个结构有它美妙的地方。而物理学工作者对此有不同的感受，就会发展他自己独特的研究方向和方法，形成自己的风格。

杨振宁认为，狄拉克的研究方法是循着独特的新逻辑无畏地前进，海森堡的研究方法是在雾里摸索。"狄拉克的文章能让你觉得出其不意，独创性非常强；海森堡的文章却能显得朦胧、不清楚、有渣滓。"高适（唐朝诗人）曾在《答侯少府》中写道（27句中的一句）："性灵出万象，风骨超常伦。"杨振宁认为以此来描述狄拉克文章的风格再合适不过。此外，他讲到袁宏道（明代，在《叙小修诗》中）说他的弟弟袁中道的诗是"独抒性灵，不拘格套"，杨振宁认为这也正是狄拉克研究风格的特征。"非

第二章 博:科学与文史

狄拉克(1902—1984,1933年获诺贝尔物理奖)和海森堡(1901—1976,1932年获诺贝尔物理奖),摄于1933年,剑桥大学①。在1900—1902年这3年间,有4位20世纪伟大的物理学家诞生,除上面两位,还有:泡利(Wolfgang Pauli, 1900—1958),费米(Enrico Fermi, 1901—1954)

---

① 取自:Peter Robertson,*The Early Years*(The Niels Bohr Institute),Akademisk Forlag, 1979。

从自己的胸臆流出,不肯下笔",又正好描述了狄拉克的独创性。

杨振宁讲到物理学架构中的有一些基本方程,如牛顿的运动方程、麦克斯韦方程、爱因斯坦的狭义与广义相对论方程、狄拉克方程、海森堡方程等。这些方程虽然简洁,却可描述空间大至星云群,小至基本粒子内部;时间长的达到100亿年(即约10^{17}秒),短的则到10^{-28}秒。物理学方程式的极度浓缩性和包罗万象的特点,也许可以用布雷克的诗句来描述:"一粒砂里有一个世界,一朵花里有一个天堂。把无穷无尽握于手掌,永恒宁非是刹那时光。"[William Blake (1757.11.28—1827.8.12,英国诗人);所写诗歌:Auguries of Innocence 中的第一段,To see a world in a grain of sand, and a heaven in a wild flower. Hold infinity in the palm of your hand, and eternity in an hour.]陆机(西晋著名文学家)的诗句(在《文赋》中)也可形容这些物理学的方程式,那就是:"观古今于须臾,抚四海于一瞬。"意思是说,创作构思时驰骋想象,顷刻之间浏览古今,瞬时便游遍了四海[①][②]。

报告结束时,一位贵阳六中的高中生提问:"杨振宁教授,您个人的研究风格更像狄拉克还是更像海森伯?"

[①] 本段文内[ ]内的字,是请陈弘先生所加。
[②] 以上可参见:杨振宁,《曙光集》,北京:生活·读书·新知三联书店,2008年3月。

杨振宁说:"我首先讲我的贡献跟他们两位不能相提并论。从我个人来讲,我是更欣赏狄拉克的风格,但是很多人认为海森伯的贡献比狄拉克还要更高一筹。"[1]

【注四】华裔数学家丘成桐(1982获菲尔兹奖,后获沃尔夫奖)说过:我幼受庭训,影响我至深的是中国文学,而我最大的兴趣是数学。数学之为学,有其独特之处,它本身是寻求自然界真相的一门科学,但数学家也如文学家般天马行空,凭爱好而创作,故此数学可说是人文科学和自然科学的桥梁。数学家以其对大自然感受的深刻或肤浅,来决定研究的方向。这种感受既有其客观性,也有其主观性,后者则取决于个人的气质。

气质与文化修养有关,无论是选择悬而未决的难题,或者创造新的方向,文化修养皆起着关键性的作用。人文知识致力于描述心灵对大自然的感受,所以司马迁写《史记》除了"通古今之变"外,也要"究天人之际"。(引自丘成桐2005年7月4日在浙江省图书馆"浙江人文大讲堂"上的演讲。)

---

[1] 杨振宁:"做研究要执着,也要有'换方向'的本事",《科技日报》,2013年5月27日。

■ 附一：哈佛大学新通识教育大纲

2007年5月15日哈佛大学新通过的通识教育大纲（general education）要求每个学生在大学期间，在以下领域中的每个领域内都至少修一门一个学期的课程，它将取代在20世纪70年代后期设立的核心课程。

美学与阐释（aesthetic and interpretive understanding）：培养学生的批判能力，即审美能力和诠释能力。(To help students develop skills in criticism, that is, aesthetic responsiveness and interpretive ability.)

文化与信仰（culture and belief）：了解和欣赏人类社会的文化传统与信仰。(To develop an understanding of and appreciation for traditions of culture and belief in human societies.)

经验与数学思考（empirical and mathematical reasoning）：讲授用于进行推理和解决问题的概念和理论工具，如统计、概率理论、数学、逻辑和决策理论。(To teach the conceptual and theoretical tools used in reasoning and problem solving, such as statistics, probability theory, mathematics, logic, and decision theory.)

伦理思考（ethical reasoning）：教育如何对待道德、政治信仰和习俗，以及如何思考和评价对伦理问题的主张。(To teach how to reason about moral and political beliefs and practices, and how to deliberate and assess claims about ethical issues.)

生命系统科学(science of living systems)：介绍与生命系统相关的理论、概念和事实。(To introduce concepts, facts, and theories relevant to living systems.)

物质世界科学(science of the physical universe)：介绍关于物理宇宙的关键概念和事实，使学生更好地理解我们的世界和宇宙理论。(To introduce key concepts, facts, and theories about the physical universe that equips students to understand better our world and the universe.)

世界上的社会(societies of the world)：了解美国以外的一个或更多的国家。(To examine one or more societies outside the United States.)

美国与世界(the United States in the world)：通过实践，从当代、历史和(或)分析，了解美国社会、政治、法律、文化和(或)经济制度。(To examine American social, political, legal, cultural, and/or economic institutions, practices, and behavior, from contemporary, historical, and/or analytical perspectives.)

附二：斯坦福大学的核心课程*

斯坦福大学的 CIV(Cultures，Ideas and Values)是包括文化、思想和价值观在内的一门核心课程。

斯坦福大学开展的博雅教育课程即"核心课程"，由 3 大类共 9 个领域构成。第一类：文化核心课程，包括 CIV、世界文化、美国文化；第二类：科学核心课程，包括数理科学、自然科学、科技及应用科学；第三类：人文社会科学核心课程，包括文学美术、哲学及宗教、社会及行为科学。每个本科生要在这 9 个领域中选修 11 门核心课程，其中 CIV 是大学一年级学生的必修课，是核心中的核心。连续学习 3 个学期（春、秋、冬），每周上课 5 小时，外加每周讨论课时间 3—4 小时，讨论课必须分成每班不超过 15 人。CIV 在每个学期都有 5—6 门课程，多的甚至有 10 门课程可选；这些课程都是经典著作阅读和讨论，主要阅读和讨论传统西方经典著作，但也会加 1—2 本非西方的经典著作，例如，中国孔子的《论语》、老子的《道德经》，或者是日本的《源氏物语》等。

大约在两年前，此课被名为"思考"的课程所替代，内含 37 门课。详见该校网站。

---

* 甘阳："大学人文教育的理念、目标与模式"，2005 年 6 月 20 日。

第二章 博:科学与文史

■ 附三:骆家辉2013年6月28日的演说(媒体报道)

美国驻华大使(2011年8月—2014年2月)骆家辉(Gary Faye Locke)在2013年6月28日发表了一个演说,他说:"在我进耶鲁念大学时,我不知道我要做什么,或许主修森林,或许城市管理,……但是耶鲁精彩之处在于鼓励你在所有的领域选课,以接受非常广阔的教育,因为你不可能知道在你一生中会做些什么。"("After I was in Yale as undergraduate, I had no idea what I wanted to do, maybe major in forest, maybe in urban management... The nice thing of Yale is to encourage you to take the courses in all fields to get a very broad education, since you never know what you could do in your life." June 28, 2013)

骆大使这些话说得很实在,其实,我们刚进大学的时候,真的是不知道自己将来会做什么。因此,如果一进大学就将学生关入一个小胡同里,是不符合教育规律的。

■ 附四:丘成桐2014年7月25日的讲话(媒体报道)

哈佛大学教授丘成桐于2014年7月25日在台湾

以"数理与人文"为题作演讲。

他在报告中指出,华人数学家习惯萧规曹随,不敢走前人没走过的路,是文艺教育不足,对数理的感情也不够,导致无法培育出具影响力的大数学家。

他强调,科学家创新需要热情、人文学养,而非跟着前人的文章做小量修正,就以为自己是大学者。

他举例,中国与西方数学家最大的不同是创新,而创新的动力来自对数学的热情。他说,中国在宋朝时已可解多次方程式,比西方早了数百年,但中国数学家只重视解出数字,无实数解就不讨论了。而西方数学家对"虚数解"会假设有解,然后大胆假设,促使数学演进。有了虚数,多项式的理论才会完美,比如物理学家和工程学家发现,虚数是用来解释所有波动现象最佳的方法。

他还说,这种东西方迥然不同的眼光,造就出不同格局的数学家,而真正原因就是中国数学家缺乏人文训练,导致欠缺对大自然界的观察,所以无法产生将自然界和数理连接起来的热情,只能探究数字解题,而非创造出能影响数理巨流的理论。(引自美国《世界日报》,2014年7月26日,A9)

附五：丘成桐寄语青年学子，从此处着眼*

每一个华侨在海外都有不同的生活经验，既有欢愉，也有痛苦，而有一点可以肯定的是，我们都希望看到祖国的繁荣昌盛。

我从小受父母教诲，从来没有忘记自己的根在那里。我喜爱中国历史，看到秦皇汉武、唐宗宋祖的事迹，就以作为中国人而骄傲。但我也为中华民族这 200 年来遭受的种种灾难而扼腕叹息。

记得 45 年前，我离开香港到美国求学那几年，看到中国极度困苦，却还不断地援助越南，心里总有些难过。当时美国大学的学生和教授都反越战，很多美国同学将毛主席的相片挂在办公室里，作为英雄来崇拜，我们也引以为傲。不过当时中国老百姓的穷困和科研的落后，却使我们焦虑万分。中美尚未建交，美国的中国留学生没有办法接触到中国的学者，也不知道今生今世有没有机会踏足祖国的土地。

我们这一代的海外华侨，在海外奋斗并不容易，往往要付出比别人更多的努力才能得到认可。因此一方面感激当地政府容纳我们，让我们有机会发展我们的事业，一方面也总是惦记着我们的根，我们的祖国，但愿祖

---

* 见 2014 年 9 月 20 日的《文汇报》。

国在经过 100 多年来的艰辛的奋斗后，受人欺凌的日子会很快过去。

中美间关万里，华侨报国无门。直到 1979 年中美建交，局面才有所改变。见到第一批来美国的访问学者，我们都兴奋不已。游子他乡，见到同胞，总是有如见到亲人般亲切。同年科学院邀请我到中国访问。飞机降落北京飞机场后，我用手第一次抚摸到祖国的土地，兴奋莫名。但是学者艰辛的生活境况，却使我心酸。

35 年来改革开放，终于看到中国富强小康的曙光。这 35 年走过的路，累累硕果，都反映着中国领导人的智慧，大方向都是正确的。但是摸着石头过河，还有很多问题需要解决。这些年的中国经济起飞，境外的华人作出的贡献很大。尤其是 20 多年前，中国缺乏资本，也缺乏管理的人才和技术，香港、台湾等地的同胞将这些带到大陆来。这些投资，为公为私，都有贡献。

很不幸的是，在相当长的一段时间里，严重的学术腐败使学术科研的进展并不如预期的顺利。当前科教兴国正处于最关键的时刻。我们国家的生产总值是全世界第二，甚至有人说，已经是全世界第一。但是，平均国民收入并不高。我们要达到小康，非要在科技上动脑筋不行。我很高兴地看到现今政府大力反贪污，也着实扶正了学者们治学的态度。年青学子比从前更为用功，也更有自信心。一批极有能力的学者开始愿意全面回国,配合国家科研的布局,发展第一流水平的科学技术研究。我们知道,科技的真正进步不是靠口号可以完成的。就从数学的专业来说,数学界4年一次的大奖菲尔兹奖,今年颁授给伊朗和巴西的学者,4年前则由越南数学家摘取。试问我们泱泱大国,情何以堪?在政府和同胞的支持下,我有信心带领年青学子改变这个局面。我也希望其他科学的领头人也有这个信心,不要辜负了整个中华民族的期望。

近日香港有些学生提出搞罢课抗争,使我忧心戚戚。年轻人出于挚诚,满腔热血固然无可置疑,但他们成长于安乐的环境,对中华民族过去的苦难了解不深,也没有从宏观的角度去考虑,于是作出激烈的行为。要知道,长期内耗会使我们裹足不前。中华民族实在不能再受外国人欺侮了。我在香港长大,曾看着英国殖民官员的脸色生活,从来没有见过英国赐予香港人民主。14岁那年父亲去世,常要跟着母亲到政府办事处申请救济援助,我对殖民官员的嘴脸永世难忘。还记得有一次见完这些官员后,回家读范文澜的《中国通史》,念到梁启超翻译的拜伦的诗:"我在波斯的古墓前凭栏远眺……难道我今生今世为奴为隶便了,不信我今生今世为奴为隶便了!"使我掩卷再三叹息! 我是客家人,祖辈离乡背井,不单是为了温饱,也是要保存民族的气节。

有些年轻人没深究历史,不知道过去无论在欧美还是在南洋，华侨有相当长一段时间，被迫做低下劳苦的工作，甚至被大批屠杀。当时的政府腐败无能，我们只好眼睁睁看着同胞受到不公平的待遇。现在我们华侨即使在外国也能够挺起身做人，因着祖国的强大而得到应有的荫庇，这是何等的进步。这是100年前在美洲修建铁路的华工和在英国殖民统治下的祖辈梦寐以求的事情。这些只不过是一个民族最基本的人权，直到最近，英国人和美国人才开始认识到中国人也应当享受这基本的权利！

现在香港回归祖国，我们正好利用香港得科学风气之先，又有现代管理的经验，为中华民族的复兴作出贡献。我劝告青年学子应从此处着眼，回顾整个民族发展的历史，还有当今全球的形势，这样才能站得高、看得远，不受别人左右。我诚恳地希望香港同胞们齐心协力，建立一个能使我们几世代的香港人吐气扬眉的香港，为中国的繁荣昌盛作出贡献。我们也希望和世界各个民族合作，推动世界大同。只要大家同心协力，汉唐的盛世必在中国再现！

一年多来，政府大力反贪腐，全国人民支持，中国中兴有望。特填《满江红》一词如下：

怒涛澎湃，清洗遍，狼窟兔穴。想当初，浊流遍宇，万里凄切。二百年来克难苦，中华儿女中兴业。喜如今，正气冲牛斗，昭明月。

圆明园,徒残阙。百年史,何堪阅。待吹角长驱,壮心如铁。乘风破浪男儿事,整顿乾坤少年血。看明朝,重建新长城,歌遍彻。

■ 附六:大学者的原创力从何而来*?

爱因斯坦曾说过:科学之所以值得追求,是因为它揭示了自然界的美。简单而有序,统一而和谐的自然之美,历来是不少大科学家一生追求的目标。在一定程度上而言,科学家对自然深层次美的领悟和热爱,以及所具备的形式上的审美判断力决定了其研究所能企及的高度。因而,我们看到著名华人科学家杨振宁谈"美与物理学",李政道论"科学与艺术,是一枚硬币的两面",以及丘成桐追古抚今,阐述"数理与人文"就毫不奇怪了。

"数学家最好有人文的训练,从变化多姿的人生和大自然界得到的灵感来将我们的科学和数学完美化,而不是禁锢自己的脚步和眼光,只跟着前人的著作,作小量的改进,就以为自己是一个大学者。"2014 年 12 月 23 日,在中科院高能物理研究所与《科技导报》共同主办的"科学百家讲坛"上,哈佛大学教授丘成桐发表了"数理

---

* 见 2015 年 1 月 16 日的《上海科技报》。

与人文"的主题演讲。

学者在构造一门新的学问,或是引导某一门学问走向新的方向时,他们的原创力从何而来?丘成桐认为,在有了扎实的基础以后,最主要源于丰富的感情。

当然,丘成桐所说的"感情",绝不仅仅是喜欢数理知识超过其他学科的那种感情,也不是愿意多做几个实验、多推演几个公式的那种兴趣,而是找寻自然界的真与美的那种独上高楼望断天涯路、衣带渐宽终不悔的情怀。

"好的文学诗词,发自作者内心,生生不息,将人对人、人对自然界的感受表现出来,激情处,可以动天地、泣鬼神,而至于万古长存,不朽不灭!伟大的科学家不也是同样要找到自然界的真实,和它永恒的美丽吗?"丘成桐说。

不过,追古抚今,在科学史上醉心这种事业的,西方人远多于中国人。

丘成桐认为,孟子讲,吾善养吾浩然之气也,这种"气"使得文学家创作出瑰丽的作品而不矫饰,在科学上有大成,也需要这样的"气",这种"气"来源于对自然的情感,来自于对公理的探求和哲学思想。

公理思维,使西方产生了欧几里德几何公理、牛顿三大定律、爱因斯坦统一场论。尽管战国诸子和古希腊人一样,雅好辩论,寻根究底,相比而言,我们的祖先要比古希腊人少了一些对公理的研究。

一件有趣的事情是,古代中国和希腊人对自己所处的自然,有一套比较接近的解释。中国提出五行学说,希腊人也企图用五种基本元素来解释自然现象;中国人提出阴阳的观点,西方人也讲究对偶,事实上,希腊数学家研究的射影几何就已经有极点(pole)和极线(polar)的观念,文艺复兴时的画家则研究射影几何(perspective geometry),对偶的观念,从那些时候,已经开始了。

肇源于哲学和文艺思想的对偶观念,对近代数学和理论物理产生了巨大的影响。现代数学和粒子物理中,由对偶理论得到的结果,更是具体入微。70年前,物理学家已经发现负电子的对偶是正电子,而几何学家则发现光滑的紧致空间存在着庞加莱对偶性质。近30多年来,物理学家发现他们在20世纪70年代引入的超对称观念,可以提供粒子物理和几何丰富的思想,它预测所有粒子都有超对称的对偶粒子,同时极小尺度空间和极大尺度空间可以有相同的物理现象。

"假如实验能够证明超对称的想法是正确的话,阴阳对偶就可以在基本物理中具体地表现出来了,说不定现代物理的概念可以修正和改进中国人对阴阳的看法。"丘成桐说。

欧洲文艺复兴时期出现了许多理文并重的科学家。笛卡儿、伽利略、牛顿、莱布尼兹,他们在研究科学的时候,是在探索大自然的基本原理。以后的数学家高斯、黎曼、希尔伯特、外尔,寻求的是数学和物理的哲学思想。黎曼创造黎曼几何,就是从哲学和物理的观点来探讨空间的基本结构。爱因斯坦在创造广义相对论时,除了用到黎曼几何外的观念,更大量地采用到哲学家恩斯特·马赫(Ernst Mach)的想法。

丘成桐说,科学的突变或革命,是以哲学思想作为背景的。

在当代,丘成桐说,他遇见过的很多大科学家,尤其是有原创性的科学家,对文艺都有涉猎。他们的文笔流畅,甚至可以媲美文学家的作品。

文艺并不仅仅能陶冶性情,文艺创作和科学与数学创作的方法有共通之处。

丘成桐认为,和曹雪芹创作《红楼梦》需要一个大型的结构一样,数学家和科学家,也是企图构造一个架构,来描述见到的数学真理,或是大自然的现象。在这个大型结构里,有很多已知的现象或者定理。在这些表面上没有明显联系的现象里,科学家要企图找到它们的关系。当然科学家还需要证明这些关系的真实性,也需要知道这些关系产生的效果。

爱因斯坦的旷世大作就是,在牛顿引力场论和狭义相对论基础上,在众多数学家和科学家的帮助下完成了更完美的引力理论,也就是广义相对论。丘成桐认为,爱因斯坦穷 10 年之久研究引力场，能完成他留名千古的引力理论，和他深入的物理洞察力和数学家提出的数学结构分不开。

在科学创作中，如何找到已知现象和定理的联系，科学家的方法各不一致，就像小说创作会因作者能力和经历各异而各不相同。一个好的科学家会创造自己的观点，或者自己的哲学，来观察研究大的结构，例如韦伊（Weil）要用代数几何的方法来研究数论的问题，而朗兰兹（Langlands）要用自守形式表示理论来研究数论。他们在建立现代数论的大结构时，就用了不同的手法来联系数论中不同的重要部分，得到数论中很多重要的结论，值得惊讶的是：他们得到的结论往往一样，殊途同归。

文学家和科学家都想构造一个完美的图画，但每个作者有不同的手法，这是数理和人文相通之处。

丘成桐说，20 世纪代数几何和算术几何的发展就是一个宏伟的结构，比《红楼梦》的写作更瑰丽、更结实，但它是由数十名大数学家共同完成的。在整个数学洪流中，我们见到大数学家各展所能，发展不同的技巧，解决了很多悬而未决的问题，但是要左右整个大流方向的数学家实在不多，上面提到过的韦伊和朗兰兹是很好的例子。

将一个问题或现象完美化，然后，将完美化后的结果应用到新的数学理论来解释新的现象,这是数学家的惯用手法。丘成桐认为这类似于文学创作的夸张、虚拟等手法。

在汉朝,中国数学家已经开始研究如何去解方程式,包括计算立方根,到宋朝时,已经可以解多次方程,比西方早几百年,但解决的方法是数字解,对方程的结构没有深入的了解。

丘成桐举例,二次方程 $x^2+1=0$ 没有实数解,所以中国古代数学家不去讨论这个方程式,但大约400多年前,西方数学家开始注意这个方程。文艺复兴后的意大利数学家假设它有解,将这个想象中的解叫做"虚数"。而虚数的发现很了不起,有了虚数后,西方学者发现所有多项式都有解,而且解的数目刚好是多项式的次数。所以,有了虚数后,多项式的理论才成为完美的理论。

完美的数学理论很快就得到无穷的应用,其后物理学家和工程学家发现虚数是用来解释所有波动现象最佳的方法,这包括音乐、流体和量子力学里面波动力学的种种现象。复数的出现也是大抵类此。从这里可以看到数学家为了追求完美化而得到重要的结果。

文学家为了欣赏现象或者抒解情怀而夸大而完美化,但数学家却为了了解现象而构建完美的背景。

在现象界可能看不到数学家虚拟结构的背景,但正如数学家创造虚数的过程一样,这些虚拟的背景却有能力来解释自然界的奇妙现象。在数学家的眼中,这些虚拟背景,往往在现象界中呼之欲出,对很多数学家来说,虚数和圆球的观念都可以看作自然界的一部分。粒子物理学中的夸克理论,它和虚数理论有异曲同工之妙,人们从来没有看见过夸克,但是我们感觉到它的存在。

有些时候,数学家花了几千页纸的理论来将一些模糊不清的具体现象用极度抽象的方法去统一,去描述,去解释。这是数学家追求完美化的极致,值得惊奇的是,这些抽象的方法居然可以解决一些极为重要的具体问题,最出名的例子就是格罗滕迪克(Grothendieck)在韦伊猜想上的伟大工作。物理学家在20世纪70年代引进的超对称也是将对称的观念极度推广,我们虽然在实验室还没有见到超对称的现象,但它已经引起了很多重要的物理和数学上的思维。

如此等等,丘成桐认为,近代数学家在数学不同的分支取得巨大的成果,与文学家运用的手段极为类似。"所以我说好的数学家最好有人文的训练,从变化多姿的人生和大自然界得到的灵感来将我们的科学和数学完美化,而不是禁锢自己的脚步和眼光,只跟着前人的著作,作小量的改进,就以为自己是一个大学者。"

培养"望尽天涯路、衣带渐宽终不悔"的学者,就需要浓郁的文化和感情的背景。

中国数学家太注重应用,不在乎数学严格的推导,更不在乎数学的完美化,到了明清,中国数学家实在无法跟文艺复兴的数学家比拟。与文艺复兴后意大利、英国、德国、法国学者不断尝试,找寻原创性的数学思想,并进而影响了牛顿力学,产生多次工业革命迥然不同的是,清代的中国数学毫无原创,可能受乾嘉考证的影响,大多好的数学家跑去考证前代的数学著作,不做原创。

到今天,中国的理论科学家在原创性上还是比不上世界最先进的水平。丘成桐认为,一个重要的原因是科学家的人文修养还是不够,对自然界的真和美的感情不够丰富。这与中国文艺教育不充足,对数理感情的培养不够有关。

丘成桐对这一问题曾有过分析,中国的教育始终离不开科举的阴影,以考试取士,系统化地出题目,学生们对学问的兴趣,集中在解题上,科研的精神仍是学徒制,很难看到寻找真理的乐趣。

(注:本文由微信公众号"赛先生"记者陈晓雪据现场录音整理,未经丘成桐本人审阅。)

第三章
雅:做人第一,修业第二

我们在本章向读者介绍博雅教育的"雅"。分为两部分:文一,《教书育人,传道授业》是笔者任复旦大学校长后,在报刊上发表的第一篇文章;文二,《节能减排与做人做事》是用具体的例子来说明"做人第一"。

教书育人,传道授业*

教授首先应向学生讲授如何做人,其次是如何思考,再次才是具体的专业知识。

教授的职责是什么？这问题的答案本是十分简单的:教书育人,传道授业。可是,很多人或是不理解,或是忽视了这一含义。即使在堂堂的高等学府,多年来也有不少教授忘了这一职责。以至于在笔者当上教授的时候,需要当时的苏步青老校长提醒:"你得去上课,否则怎么能名副其实呢？"正是在老校长的指点下,笔者登上了基础课的讲台。时隔13年,笔者继任校长,第一件大事就是遵循老校长的倡导:号召教授们上基础课。其实,上课正是大多数教授的心愿(与卖馅饼大大不同)。因此,复旦大学上基础课的博士生导师人数,将迅速从本学期的2名上升到下学期的16名,从博士生导师总数的2%上升到15%,在复旦大学88周年校庆大会上

---

* 本文原载于《光明日报》头版,1993年6月7日。

由校长隆重授予聘书。不过,这一比例,与国际一流大学相比,还相差甚远,但我们相信,这是一个良好的开端。

然而,教授登上讲台只不过是平凡的第一步,是实现"教书育人,传道授业"的开始。艰难的,还在第二步:让每位教授从心底里理解讲授专业书本知识只是其责任的一部分,甚至是一小部分。具有教授这一神圣而光荣称号的学者,首先向学生讲授的应该是:如何做人?其次是:如何思考?("授人以渔",胜过"授人以鱼"。)再次才是具体的专业知识。这三者并非是分立的,而应是融为一体。例如,讲授原子模型时,就应该向学生们介绍本世纪的物理大师之一尼尔斯·玻尔(Niels Henrik David Bohr)的爱国主义精神,介绍他是怎么在人口不到500万的丹麦创建世界物理的圣地,以及他是如何思考问题,平易地与年轻人共同探讨问题,并从中激起新概念、新思想的火花。笔者有幸几次访问过原子物理的故乡哥本哈根。确实,在那里学到了物理学,但更重要的是学到了"哥本哈根精神",感受到了玻尔创导的"平等、自由地讨论和相互紧密地合作的、浓厚的学术气氛",体验到了玻尔的爱国主义精神。

如果我们一味追求"尖子"、"尖子班",只考虑在业务上拔尖,把这些人孤立起来,听凭他们自我膨胀,那么,就有可能培养一些科学知识上乘,但个人主义极度膨胀、极端自私的人，最终一事无成，甚至走向自我毁灭。这种人已在我国高校曾设置过的"少年班"中出现过，以致李政道夫妇（曾是"少年班"的倡导者）最近与笔者说：这样的"少年班"不宜再办。然而，我们并不反对因材施教。复旦大学准备在近期选拔各类优秀同学成立"21世纪学会"，让全校的学部委员（院士）、学术带头人、博士生导师们轮流为他们上课，给予德智体全面教育，使他们不仅扩大自己的知识面，而且要认识社会主义祖国的伟大与可爱，使他们懂得："集体性的工作是至关重要的；科学的享乐是带有观赏性的，必须学会如何从别人的成就中获得乐趣。"经常启发学生想一想："对你的生活，什么样的报酬更好？"（1988年诺贝尔奖得主莱德曼（Leon Max Lederman）在1990年所说），使他们中间的某些人有可能成为新世纪的杰出接班人。

教授有义务向学生传授知识，帮助同学积累知识，但同样，必须提倡智能的培养。所谓智能，是指人们运用知识的才能；培养智能，主要是培养自学能力、思维能力、表达能力、研究能力和组织管理能力。如果只注意知识的积累，而不注意智能的发展，那么即使在头脑中有了一大堆公式、定理、概念，也不会灵活应用，不会独立地去积累更多的新知识，更不会有所创新。大学教学成功与否的标志之一，是看绝大多数学生是否经常在积极地思考，看他们在智能发展方面是否有明显的进步。

曾孕育出诗人海涅(Heinrich Heine)、"数学王子"高斯(Johann Carl Friedrich Gauss)及10余名诺贝尔奖获得者的德国哥廷根大学(Georg-August-University of Goettingen),近250年来就一直以教人"应该怎样思考"而使人才辈出,闻名全球。

一流大学的关键是有一流的教员。复旦之所以成为今天的复旦,是与陈望道、苏步青、陈建功、周谷城、谈家桢、谢希德……这些名字分不开的。他们是一流的学者、一流的教授,他们向复旦学生传授的是单纯的专业知识吗?不!他们曾多少次在各种场合教导学生如何做人、怎样思考。他们正是著名学者费巩(留学于牛津大学,曾任教于浙江大学)笔下所描绘的那样的导师——"与二三学子相聚一堂,或坐斗室相对论学,或集诸子茶点小饮于导师之家,剖析疑难而外,并指示学生修养之法,解答学生个人问题。导师视门人如子弟,门人视导师如良师益友,从学之期虽暂,而缔交辄终身,受其潜移默化,不觉品德与学问俱进也。"[①]

在今天新世纪即将来临的前夕,让更多的一流学者、一流教授出现在复旦校园,教书育人,传道授业,为

[①] 费巩(1905—1945,革命烈士):"施行导师制之商榷",刊载于《浙江大学师范学院院刊》第一集第一册,1939年1月;收录于《费巩文集》,浙江大学出版社,2005年。

我们的伟大祖国孕育出一批又一批的优秀科学家、文学家、社会科学家,以及出色的政治家——这正是时代赋予我们的职责。

【后注】

我在此文发表后曾在多种场合阐明"怎么做人"的含义,较完整的表达是在1994年10月,于杭州召开的"国家教委直属高校咨询工作会议"上的讲话,特摘要如下。

教育青年学生怎么做人,应包括4方面内容。

1. 树立正确的世界观、人生观、价值观

应教育学生理解人生的意义。每个人每时每刻都在书写自己的历史。每个人都应考虑,如何在自己短暂的一生中,为祖国和人民作出最大的贡献。每个人在享用其他人所创造的物质与文明财富的同时,必须考虑自己如何为他人服务、为社会作出贡献。一个人,只有懂得了人生的价值的时候,才能朝气蓬勃地生活;他的学习、工作、生活才能有最大的动力。

2. 发扬爱国主义精神,以国家富强和人民幸福为己任

应教育学生面向世界、热爱祖国。我国是具有五千多年历史的文明古国,又是发展迅速的社会主义国家,为世人瞩目。扎根祖国,为振兴中华民族而奋斗终身,应是我国青年的崇高理想。放弃优厚生活待遇,毅然回国并作出巨大贡献的钱学森、钱三强、邓稼先、朱光亚、

谢希德等人的事迹正是对学生进行爱国主义教育的典型教材。

3. 在任何时刻必须提倡艰苦奋斗的精神

任何人要在事业上有所成就,在科学上有所创新,必须具有艰苦奋斗的高尚品质。要教育青年,在通向成功的道路上,无捷径可走。与我十分熟悉的、曾任核试验场司令官的钱绍钧中将、核武器研究院院长胡思得教授都经历过十分艰苦的生活条件和工作环境,并克服科技上的一个又一个困难。他们是新中国高等教育培养的优秀学者。

4. 必须教育青年人树立能与人相容的道德风貌

当代任何有意义的事业都是社会性的集体事业。在 20 世纪初,一些重大的科学发现有可能是由个别人完成的,但到了今天,已几乎不大可能了。例如,最近发现的"顶夸克",涉及 800 多位科学家。因此集体协作精神显得十分重要。一个人在科学上有了一些成果,是一种享受,但同时,必须有宽广的胸怀,学会"如何从别人的成就中获得乐趣"。

针对上述 4 方面的内容,我们引一些名言:

人只有献身于社会,才能找出那实际上是短暂而有风险的生命的意义。

——爱因斯坦

丹麦是我出生的地方，是我的家乡，这里就是我心中的世界开始的地方。

——安徒生（H. C. Andersen）

什么是路？就是从没有路的地方践踏出来的，从只有荆棘的地方开辟出来的。

——鲁迅

科学的享乐是一种带有观赏性的，您必须学会如何从别人的成就中获得乐趣。……坚定信念、顽强奋斗、努力工作，都是在一个集体中备受称赞的品质，再加上想象力，那就是锦上添花了。

——莱德曼

《左传》里讲"太上立德，其次立功，其次立言"，立德就是讲做人，立功就是做事，立言就是做学问。我是做学问的，但是做人是最起码的要求。

——何祚庥（《科学时报》，2004年6月15日）

科学是医学的本体，人文精神是医学的灵魂，……医学离开了"以人为本"，与兽医何异？医学与医术犹如车之两轮，鸟之双翼，对医生而言是缺一不可的。

——杨秉辉（担任上海中山医院领导达20年，治癌专家，既是医生，又是画家），《为人之医》，北京出版社，2013年

■ 附:致格致中学全体学生的公开信*

亲爱的同学们:

格致中学是我的母校,对她我一直怀有深厚的感情。不久前我闻悉,由格致中学保送到复旦的某同学因请人代考某课程被复旦大学勒令退学。该同学及其家属均痛哭求情,但法规如山,上午作弊行为被证实,下午退学布告就已登出,没有任何商量余地。据说此同学曾有过不少优秀事迹,现在被逐出复旦校门,很多人表示惋惜,我作为格致校友,复旦校长,同样深感遗憾。

一年前,复旦公布"谁作弊,谁退学"的规定以来,我们曾一再告诫学生:在珍贵的大学生活中,首先要学习的是如何做人,如何做一个有用于祖国的人。对此,人的品格的磨炼是十分重要的。我经常说:格致中学给我最可贵的财富是,初步懂得了:人活在世界上做什么?一个人应该怎么生活?作弊是十分可耻的行为,是与上进青年的素质毫不相称的,是绝对不允许在任何一所大学中存在的。可以说,在世界上所有向前迈进的国家里,都讲究"诚实"两字。在社会主义中国,更不例外。

"宝剑锋从磨砺出,梅花香自苦寒来。"在追求知识和塑造健全人格的人生道路上,只有经过艰苦的跋涉和

---

* 本文原载于《新民晚报》,1995 年 2 月 20 日。

辛勤的耕耘才会取得丰硕的成果,没有别的捷径可走。

我们把以上这些想法告诉了学生家长。

从1993年复旦实行"谁作弊,谁退学"的规定以来,我们收到过很多同学、家长的来信,对此表示拥护。有一位学生说:"在我们学校里,作弊之风盛行,我考90分有什么意思呢?!现在复旦的分数体现它真正的价值。"有的家长说,"这是培养优秀人才必须采取的步骤","我们理解校方的良苦用心","假冒伪劣污染大学岂能容忍","大学生投机取巧后果不堪设想","我们更注重孩子的品德";一些学校校长、研究所所长,都表示支持复旦的做法。最近美国著名的奇异公司(通用电气公司又称奇异公司)的代表对我说:"复旦这一政策与奇异公司的政策很相像。在我们公司,由于能力、水平缘故而犯这样或那样的错误,我们均可原谅,但是谁有欺骗行为,谁就要被解雇。"某国一位外交官也说:"复旦这样做,使我们对复旦的分数可以放心。"

因作弊被退学的同学,是否有出路?有。如果他能反省是非,可以按照有关规定重返学校学习。

复旦大学在过去数十年内,已培养了一大批人才,现在在政府部门担任要职的、在科研教育和其他各部门担任领导的、学识上有成就的,真有点数不清了。我充分相信,对绝大多数优秀毕业生,在他们就读期间,"作弊"这两个字在他们的脑海里根本就没有出现过!

格致中学是一所优秀的中学。我希望同学们在校期间懂得树立正确人生观的重要性,努力学习如何做人的道理。去年暑假,上海地区的高分学生很多进了复旦大学,他们在浓厚的学术、文化氛围和催人奋进的环境中如饥似渴地学习,复旦大学给了他们很多的机会。今天蒸蒸日上的中华大地为年轻人创造了从未有过的机会,你们需要做的是:努力,努力,再努力!复旦的大门永远为你们敞开。

复旦大学校长、中科院院士杨福家

1995 年 2 月 10 日

后语:

中学如此,小学也应如此。在上海金山区廊下小学的校门两侧,有两句话:

方方正正做人,踏踏实实做事。

(见《解放日报》,2015 年 5 月 3 日)

博雅教育

节能减排与做人做事*

日前,笔者参观了位于伦敦郊外的"希望屋"与"零能建筑"。"零能建筑"是一批供 84 户家庭居民住的建筑群,共 7 排,每排 6 组,每组两户。各排均为 3 层楼。第三层为单身住房,一室一厅、厨房加卫生间,共 45 平方米,外加室外屋顶小花园;从后面楼梯直上第三层,独门独户。下面两层是一套住房,三间卧室在第二层,两个卫生间分别在一、二层。一厅、一阳光房和一厨房均在第一层,共 109 平方米;前门外也有一小花园。这是供中产阶层的住房,不算大,更算不上豪华。我们"闯入"的是 4 口之家,一对夫妻加双胞胎。伦敦的冬天很阴冷,夏天有时也有高温天,但由于独到的设计,墙壁保温层厚 30 厘米,冬暖夏凉,冬夏均不用空调,但有先进

---

* 本文初稿于 2007 年 7 月 22 日写于英国伦敦;后发表于 2007 年 8 月 14 日的《文汇报》,并于 2007 年 9 月 8 日在中国科协年会上作为大会报告。其中,英文稿还于 2007 年 10 月 12 日发表于台湾成功大学研发快讯《榕园》第一卷第八期(见本文末)。

的通风设备。做饭用的电磁炉、冰箱、热水、照明等用电,全靠太阳能。在屋顶与外墙上面装有很多太阳能板。所谓"零能",是指"不用矿石燃料(如石油、煤炭等)产生的能源"。

屋门口停有"生态电动轿车",在泊车位前有充电插头,也是靠太阳能供电,充电不必付钱。

看到这里,读者会问:上海夏天连日高温,能有零能建筑吗?回答是肯定的,因为太阳能制冷技术已经成熟。宁波诺丁汉大学的 1 000 平方米的低能耗建筑即将建成,它将经受 40 摄氏度的考验。

负责设计伦敦"零能建筑"群的公司有 20 余人,其创始人邓斯特(Bill Dunster)先生是 15 年前在爱丁堡大学(The University of Edinburgh)毕业的建筑师。在做学生时就对节能建筑感兴趣,毕业后即用他所有资源买了一亩地,开始建造节能家园。他与夫人住入临时棚屋达 3 年之久。在 12 年前迁入我们去参观的"希望屋"。由于该屋在 12 年前就初步建成,又是边建边改,在今天已算不上先进。其保温材料更远不及我们参观的"零能建筑"内含的材料。"希望屋"建筑面积为 150 平方米,共 3 层。其用电量为同类建筑的 30%,主要靠太阳能。据说,在使用新的太阳能装置后,有望进一步下降。因为这里风力太小,无法使用风力发电。在我们参观时,连日阴雨,靠太阳能供应的热水水温为 38 摄氏度。到了冬天,英国日照很短,加上所用设备陈旧,对他们 4 口之家,热水温度就上不去。为此,他们用了生物资源锅炉,据说这是英国第一台。燃烧的原料是用麦秆压成的、圆柱形的小颗粒。由此产生的二氧化碳排放量远低于麦秆生长过程从大气中吸收的二氧化碳。因此,此屋被称为零二氧化碳排放屋。

我们的这次参观由邓斯特先生亲自陪同,并在他的"希望屋"里与他和他的夫人共进午餐。使我们最为震撼的并不是"希望屋",不是"零能建筑",也不是相关的高技术或先进设备,而是邓斯特先生在 15 年前就想到了"节能减排",在他中学生期间就开始接受"人类只有一个地球"的环保教育,并开始产生了一种责任感。可以说,他受到的教育不仅使他增长知识,成了建筑师,而且,更为重要的是,使他懂得了"怎么做人"。陪同我们参观的有一位来自我国长沙的吴女士,现任该公司助理建筑师。她说:"邓斯特先生作为建筑师,具有对人民的一种强烈的责任感。在他看来,有没有责任感是能否成为优秀建筑师的首要条件。他的服务对象是普通老百姓,他的目标是节能、减排、廉价。"

正是出于他的责任感,出于他的兴趣与好奇性,他生活朴素,把所有盈利全部再投入公司的研发。为了表达对他的敬意,在他设计的小区有一条路就用他的名字命名。但他陪我们走过这条路时,却有些腼腆地说,这不是他的意愿。他是一个好人,为社会做了好事,成了受社会欢迎的人。他的艺术人生丰富多彩。

从邓斯特先生的人品与经历,使笔者想起了上月在哈佛大学毕业的一位学生的父亲在参加了毕业典礼后的感言:"哈佛等名校与普通大学相比,有什么不同?从所学知识与技能方面,或许没有什么大不同。最大不同之处在于人文修养的教育与熏陶。现代教育的弊病在于把学校变成了单纯的知识贩卖店。一流名校注重文化的传承和对学生人格的全面培养。人文修养才是教育的根本。"

哈佛等名校把培养公民作为学校的根本任务,把追求真理作为校训。如果我们不能培养出有诚信的好公民,要追求、实现与推广"节能减排"都会有困难。

正是在 2007 年 6 月哈佛的毕业典礼上,荣获名誉博士学位的比尔·盖茨(Bill Gates)在他的演讲中说:"人类的最大进步并不在科技的发现和发明上,而是如何利用它们来消除不平等……消除不平等才是人类的最大成就。"在比尔·盖茨结婚时,已患癌症晚期的母亲,用她仅有的力气说:"从社会得益很多的人,社会对他的期望也很高。"[①]这些话的意思是:想自己,也想别人;公民姓公,心中有民。

---

① 陆小宝,《美国世界周刊》,2007 年 7 月 22 日。

只有具备了这样的理念,培养一批又一批受社会欢迎的、不断做好事的好公民,我们才能从根本上解决目前人类面临的种种危机:能源短缺、二氧化碳过量排放、污染日益严重、贫富差距扩大,等等。也只有这样,我们才能走向一个真正和谐的世界!

"仰望天空,学会做人"是本文要讲的主题:再不仰望天空,人类会自毁地球;再不学会做人,我们会自毁长城!!

■ 附英文稿:Environment‐Friendly Architecture and the Right Attitude*

A short while ago, I went to visit the Hope House and the Zero-Energy Building (ZEB) in the suburbs of London. ZEB is a complex of 84 houses. There are 7 rows in the complex, 6 units in a row and two houses in a unit. Each house is three storeys. The third floor is a single suite, including one room and one living room, plus a kitchen and a bathroom. The total area is 45 square meters, including a roof garden. It is accessible with a separate flight of stairs. Below the suite is a house with three rooms on the second floor, one bathroom on each floor and a living room, a terrace and a kitchen are on the first floor. The total area is 109 square meters. A small yard is in the front. It is a house for the middle class family. It is not big, and is far from luxurious. The house that we "broke into" was of a family of four, a couple and twins. The winter in London is dim and cold, but it sometimes gets very

---

* 此英文稿发表于台湾成功大学研发快讯《榕园》第一卷第八期(2007年10月12日)。

hot in summer. For that dramatic weather change, a unique design is used. The walls have at least 30 cm-thick insulation, which makes the house so thermally efficient that no air conditioning is needed in summer or winter. Instead, the house is equipped with advanced ventilation systems. The electronicmagnetic stove, refrigerator, water heater and lights all use solar energy. Many solar panels are installed to the exterior of the walls and the roof. Zero-Energy, to be specific, means no use of fossil fuels such as oil or coals.

An electric car parked in the drive. There was a charger which used solar energy, so it was also free of charge.

After you have heard all this, you may wonder if ZEB is possible in Shanghai where it is hot here every day. The answer is positive, because the solar refrigeration technology is available now. University of Nottingham Ningbo is going to complete a 1 000 square foot building with a net energy consumption of near zero. It will be put in a test of 40 degrees Celsius.

There are 20 people in the company which designed the London zero energy housing, of which Mr. Dunster is the founder, who graduated from Edinburgh

University 15 years ago. He has championed sustainable living since his student days. After his graduation, he bought an acre of land with all he had and began his building of zero energy housing. He and his wife spent three years in a provisional shack before its completion. 12 years ago, they moved into the Hope House, the one we visited. It was completed 12 years ago and it has been renovated on and off, so it is not as advanced by today's standard. Its insulation is far behind those used in the ZEB we visited. The Hope House is three storeys, occupying 150 square meters. The main source of power comes from sunshine, so the power consumption of the building is 30% of that of other houses. They said that the power consumption might be reduced after they installed a new solar power device, because the wind there is not strong enough for wind power generation. When we visited, it had been raining for many days and the solar hot water was only 38 degrees Celsius. In winter, the sunlight was not enough and the solar hot water system they used was old, so the water temperature was not warm enough for the four of them. Therefore, they used a biotic boiler, the first one in UK, according to them. The fuel of the boiler is pellets made from grinded wheat. The carbon emissions of the boiler are much lower than the carbon the wheat absorbs in the process of growing. Therefore, this house is called zero carbon house.

Our visit was accompanied by Mr. Dunster and he invited us to join them for lunch with his wife at their Hope House. What surprised us most were not the Hope House, the ZEB, nor the top-notch technology and advanced device applied in the house, but the fact that he would have thought of sustainable living 15 years earlier. Since high school, he learned about the concept that Earth was the only one for the human, and a sense of responsibility started to grow in his heart. In another word, the education he received not only made him wiser and made him an architect, but, more importantly, helped him learn the right attitude. Among our company, there was a lady, Ms. Wu, who came from Changsha, China, and is now an assistant architect in that company. "Mr. Dunster has a strong sense of responsibility for the public," she said, "He believes the prerequisite of being a great architect is the sense of responsibility. His service target is the general public, and his goals are energy conservation, exhaust reduction, and affordable prices."

Due to his sense of responsibility, his passion and curiosity, he lives a humble life and invests all the profits back into the research development of his company. Thus, a street in the community he designed is named after him in order to show their respect for him. However, when he was walking with us on that street, he was so modest and said that it was not out of his will. He is a good man and has done much good to the society, which made him very popular. His life is indeed beautiful.

Mr. Dunster's character and experience reminded me of the remarks made by a father of a Harvard graduate at the graduation ceremony last month. "What's the difference between a prestigious school such as Harvard and other mediocre ones?" he said, "There may not be a big difference in the intellectual and skill training. The biggest difference lies in the humanistic education and immersion. A flaw of modern education system is that it turns schools into wholesalers of knowledge. The best schools care about the cultural legacy and the comprehensive character-building of their students. Humanistic training should be the essence of education."

Harvard and many other prestigious schools prioritize the mission of cultivating good citizens and use "pursuit the truth" or "VE RI TAS" as a motto. If we cannot cultivate good and honest citizens, it will be harder to pursue, implement, and promote the idea of sustainable living.

At that graduation ceremony this June, Bill Gates, the honorary doctor and the world richest man, remarked, "The greatest progression of the human race is not the technology discovered or invented, but how we use it to eliminate the inequality among us... which is the greatest achievement." When Gates got married, his mother who was in the late stage of cancer spoke with the remaining strength, "The more you are benefited from the society, the more the society will expect of you." (quote Lu Xiao-Bao, US News & World Reports, 2007.07.22) These remark means to think for others as well as for you; the public are us, so we are the public.

Only when we have that conception, and cultivate many good citizens that are popular and will continue to do good to the society, we can fundamentally solve the crises we are facing: energy shortage, over emissions of carbon dioxide; pollution is worsening, and the gap between the rich and the poor continues to widen. That conception is the solution to lead us to a truly peaceful and harmonious world.

"Learn the right attitude from the nature" is the topic of this talk. If we do not start to learn from the nature, we can destroy Earth; if we do not learn the right attitude, we can demolish the Great Wall.

(The speech was drafted in London, UK, 2007. 07. 22 and published in Shanghai Wen Hui Daily, 2007. 08. 14)

第四章
大学的根本

科学研究对研究型大学固然重要,但所有高等院校的第一职责是为国家培养高素质的公民,引导每个学生树立好价值观、人生观,有理想、有信念。

第四章　大学的根本

大学的根本在于育人[*]

出国留学，早先多是读研究生，后来读大学本科、读中学的越来越多——为何中国"留学生"的年龄越来越小？那是对中国教育现状失望！中国大学毕业生人数逐年上升，为何用人单位找到合用的人才却依旧困难？那是因为中国现行的教育制度不尽合理。

中科院院士杨福家日前在上海一次高校负责人会议上再次呼吁：不能再让国人对中国的教育失望了！科学研究对研究型大学固然重要，但所有高等院校的根本在于育人，第一职责是为国家培养高素质的公民，引导每个学生树立好价值观、人生观，有理想、有信念，"点亮他们头脑中的火花"。对此大学应该"不惜工本"。

国民教育缺失是最大的国家安全问题

中共中央党校张志明教授 2007 年发表观点："国民

---

* 本文作者为《文汇报》记者许琦敏，原载于《文汇报》头版，2010 年 9 月 3 日。

教育的缺失是最大的国家安全问题。"给了中国高校"当头棒喝"。爱国、诚信、求真、勤劳等价值观的缺失,不仅造成社会风气日下,更会使国家与民族发展缺乏后劲。

如今,中国的 GDP 已经超过日本,成为世界第二大经济体,"但是,教育不上去,中国永远不可能真正超过日本、美国"!针对中国高校普遍热衷于搞科研、找经费的现状,杨福家再次疾呼:"我们的大学应该将学生培养放在第一位!"

《国家中长期教育改革和发展规划纲要(2010—2020 年)》已公布,其核心思想"育人为本",正是学校最根本任务。

纵观世界名校,无一不将"育人"作为办校的头等大事。早在 1828 年,耶鲁大学阐明办学宗旨的报告中就这样写道:"一个人除了以职业来谋生以外就没有其他追求了么?难道他对他的家庭、对其他公民、对他的国家就没有责任了么?承担这些责任需要有各种深刻的知识素养。为了让学生完成本科教育,他的专业教育有可能会有所推迟,可是这种牺牲难道是不值得的么?它所换来的是全面教育与片面教育之间的巨大差别。"

耶鲁的那个报告继续写道:"我们的国家活力充盈、国土辽阔、充满智慧、资源丰富,并且人口、国力、财富都在快速增长。因此,浅薄而平庸的教育不适合指导我国的发展。我国的壮丽河山注定了我们要成为一个强大的国家,我们怎能容许我们的文化衰颓、贫乏和肤浅呢?"杨福家发问:"人家在182年前写的这些话,是不是很适合中国的现况呢?不是很值得我们深思吗?"

人的素质培养远比技能培养重要

"人的素质培养远比技能培养重要。"杨福家院士随口说出一连串的例子:哈佛大学要求每个学生在大学期间,在以下每个领域都至少修一门一学期的课程:美学与阐释、文化与信仰、伦理思考、生命系统科学、物质世界科学、世界上的社会……耶鲁大学给本科生设计的课程,并不包含职业技能学习,因为它的教育目的并非传授某种职业技能,而是传授所有职业都需要的基础,本科教育最主要的目标是促使学生的思维能力平衡发展,使学生具备开放与全面的视野,以及均衡发展的人格;斯坦福大学要求学生到大学第三年时再选择专业;日本要求各所大学推广"博雅教育"……

关于"博雅教育",《1828耶鲁报告》中有详细阐述:"博"指广博,既要学文,也要学理;"雅"指素养,培养出来的学生要有修养。它的核心是让学生能够回答"人何以为人",它培养的是才智,发展的是思考和理解能力。

一位毕业于斯坦福大学、在耶鲁大学任教的华裔教授用自己的亲身经历告诉杨福家,花一年时间阅读各种文化经典,"是我大学生涯中最精彩的部分"。此举帮助学生们认识了"做人第一、修业第二"的道理。

也要"不惜工本"地整肃校规

"他山之玉"很美,但中国的高等教育能否迅速改观?杨福家认为:完全可以做到,但要"不惜工本"。"耶鲁大学投入1.5亿美元,正在建造第13个住宿学院。"而住宿学院正是欧美一流大学把博雅教育落到实处的措施之一。"我们如果也这么做,成本要低得多;问题是想不想做,是不是只想建造不符合教育需要的标志性建筑?!"

杨福家说,在保证大学教师"过上有尊严的生活、无后顾之忧"的前提下,应当要求他们全心全意为育人尽心尽责。在住宿学院中,两三百名学生与导师同院而居、同桌而食,能经常听到不同领域的精彩讲座,随时能与名师讨论任何问题。

"在耶鲁的一所住宿学院的首席导师家里,我惊讶地看到一个巨大的冰箱,箱内放了几百份三明治,这是为了方便经常登门的学生。"杨福家说。有深厚学养的导师每天与学生零距离交流,引导年轻人发现自我,找到头脑中的火种,并使不同火种碰撞,"润物细无声"地培育着高素质的国民,以及充满好奇心、愿为追求真理而奋斗的人才。

1993年,杨福家出任复旦大学校长后立即提出"名教授要给学生上基础课",用意正在于此。

杨福家强调：中国的大学,除了"不惜工本"地育人,还要在整肃校规上"不惜工本"。

"哈佛大学入学手册中写明：不准剽窃。误用别人观点,就应离校!"学术造假引发的诚信危机,已深深困扰着国内大学,相对于我们这儿常见的"法不责众"、"下不为例",世界名校显然更注重诚信为本：麻省理工学院(Massachusetts Institute of Technology，MIT)的招办主任因在28年前假造学历而退职；波士顿大学(Boston University)某系主任因在讲座上引用他人60个字的观点而未说明出处,被告发后即离职；美国某校一历史系教授因在自己的经历中造假,立刻被开除。世界一流大学不是没有造假,但都"有严格的制度,能不惜工本地清除造假者"。

附：《1828 耶鲁报告》（精选）

前言

2010 年 1 月 28 日《文汇报》发表笔者的文章《对教育改革，必须有更大的作为》。该文注释中提到《1828 耶鲁报告》。5 月 9 日在耶鲁大学校长莱文家里，笔者建议：每年在耶鲁举行的中国大学校长研讨会上，应讲一讲这份报告的精华。莱文校长非常赞同，并说，他在 5 月 2 日在南京举行的大学校长会的演讲开始就提到这份报告。

为了让更多对教育感兴趣的同志了解该报告的内容，特按笔者的理解，将其精华贡献给各位。耶鲁大学叶萌副教授对该报告有深入研究，他与他夫人对本文作出了巨大贡献，复旦大学陈弘先生对此也作出了很大贡献。

产生背景

19 世纪初，科学启蒙运动盛行，特别在美国，自然科学与实用技术日益受到青睐，美国大学中的古典学科受到批评和攻击，还出现了向实用教育一边倒的倾向。同时还面临德国大学模式的挑战及英国花巨资建立伦敦大学这些事件的影响。对此，耶鲁大学校长杰里迈亚·戴在 1827 年组织教授讨论如何应对这些纷繁复杂的情况,并于次年发表了耶鲁报告。

精彩论述

1. 关于大学的培养模式和目标

大学、学院、高等专科学校、专职神学院不能全是一种模式;而是根据不同的办学目的而各不相同。

大学的目标应该是什么？应该是为优良的教育奠定基础。完整的教育的基础必须是广博、深入和坚实的。

我们能从思想文化中获得的最重要的两点是:思维的训练与知识的教养,即增加心智的力量与知识的储备。而在这两者之间,思维的训练更为重要。……

思考习惯要通过长期持续的严格运用方可形成。科学的宝藏须经过深入的探索才能挖掘到。

为了打好完整的教育的基础,我们必须让学生所有重要的智力与才能都得到锻炼。……在学校的课程结构中,我们的目标是在文学和科学各个分支间保持一个合理的比例,使学生得到均衡发展。……

在智力教育中,最重要的是使学生有责任感,激发他们学习的原动力,以使他们最有效地使用自己的智力资源。……学者应该通过自身努力来塑造自己。

我们已经阐明了耶鲁大学正确的教育目标,即让学生打好文学和科学的扎实基础。下面我们要解释如何通过有效方法来实现这一目标。

2. 关于实现耶鲁的教育目标的方法

我们并不认为,仅靠课堂授课即能实现所有的教学目的。

在学校内,学生组成了一个大家庭,教员也同样是这个大家庭中必不可少的组成部分。他们不仅在工作与进餐的时候与学生们在一起,其他的课余时间也在一起。在住宿学院建筑内,学生的房间附近一定安排有一个教员的房间。(作者注:住宿学院的思想在这里已经有了,但开始真正实现是在100年以后:1928年动工建造。)

学校的目标不是完成学生的教育,而是帮助他们在学校的有限时间内打好基础,并尽可能地提升学生的知识水平。重要的是让学生掌握学习的方法。借助书本与观察问题的方法,学生能够不断地增长知识。

3. 关于耶鲁现有课程设置的总结及强调实施全面教育(博雅教育)的重要性

学校给本科生所设计的课程,并不包含职业技能的学习。耶鲁大学的教育目的并不是传授某一特定的职业技能,而是传授所有职业都需要的基础课程。

任何学科对于专业技能都是有帮助的。"各学科之间总会相互映照。"本科教育是专业技能学习的准备阶段,本科教育的最主要的目标在于使学生的思维能力平衡发展，使学生具备开放与全面的视野，以及均衡发展的人格。这些特质，在带有思维局限性的人身上是没有的。……一个在专业上出类拔萃、具备全面知识并拥有高尚的品德的优秀人才，才会对社会产生指导性的影响，并在多方面有益于社会。他的品质使他能够在社会的各阶层散播知识之光。

难道一个人除了以职业来谋生以外就没有其他追求了么？难道他对他的家庭、对其他公民、对他的国家就没有责任了么？承担这些责任需要有各种深刻的知识素养。

学生来上大学并不是为了在学校完成他们的教育，而是要打下全面的学习科学原理的基础，为进入实用学科做好准备。也许有人会问，当学生获得学位之后，他能做什么？学生从大学毕业就具备了从业资格了么？如果他就此停止学习的话，我们的答案是：不。他的教育开始了，但并没有结束。

我们设计的课程所包含的科目，是所有希望得到完整教育的人所应当学习的。……科学原理是所有文化成就的共同基础。

有时候很多人认为我们不应当强迫学生去学习他所不擅长或不喜爱的学科。然而，在一个学生还没接触最基本的原理之前，他又怎能知道自己对此学科有无兴趣和能力呢？

大学课程设置体系的目的,不是进行仅仅包括几门科目的片面教育,更不是进行包含对所有学科浅尝辄止的肤浅的教育,也不是为完成某一职业的实用教育,而是在有限的时间内,尽可能地开始一个全面的教育课程。

为了让学生完成本科教育,他的专业教育有可能会有所推迟,可是这种牺牲难道是不值得的么?它所换来的是一个片面教育与全面教育之间的巨大差别。(作者注:这就是为什么美国一些顶尖的一流大学都把专业教育,即 professional school,放在大学毕业以后。例如,耶鲁大学有11个专业学院供大学毕业生选择。)

4. 对扩招的回应和大学竞争发表看法

如果我们只是要成为一所名义上的大学,而实际上是一所专科学院,或者演变成半大学半专科学院的机构,那么还有什么理由让全国各地的家长送他们的孩子来耶鲁学习呢?……没有了独特性,谈何吸引学生呢?采取扩招第一、质量第二的政策,将会是非常危险的。(作者注:这对今天的中国教育不也是一个警告吗?)如果大学之间的竞争是质量上而不是数量上的,如果竞争的目标是在教育实质价值上而不是在规模上超越对手,那么大学间的竞争将有利于教育的发展。

我们常见的教育模式如同一棵钻天杨,它的成长方式是单薄的、脆弱的、不健康的。而我们更希望我们的教育模式像一棵榆树一样，不仅根基深厚，而且枝叶繁茂，它将随着时间的推移显得越发可敬。

本科课程的目标不是为完成从事某一种职业做准备，而是传授各类综合的知识，从而改进、提高各种职业的水平。

我们的国家目前正处于繁荣发展的趋势当中，大量的财富聚集在一些人手中。难道除了单单拥有财富以外，他们不应当得到优良的教育，拥有广博开放的视野，具有坚实而高雅的成就以及卓越的品质？他们能够以知识来推动社会，参与有尊严的知识阶层。让他们以最光荣的、最有益于社会的方式来使用他们的财富。

我们的人民具有活泼向上的个性，这种活力应该要由健全的智力作为指引，而这种智力是深沉的思考与早期的锻炼的结果。行为的动力越大，越需要有智慧与有技巧的指导。

当船员们登上航船，架起风帆，这时候正需要一名稳健的舵手。我们的国家是一个活力充盈、国土辽阔、充满智慧、资源丰富，并且人口、国力、财富都在快速增长的国家。因此，浅薄而平庸的教育不适合指导我国的发展。我国的壮丽河山注定了我们要成为一个强大的国家，我们怎能容许我们的文化衰颓、贫乏和肤浅呢？

(When nearly all the ship's crew are aloft, setting the topsails, and catching the breezes, it is necessary there should be a steady hand at helm. Light and moderate learning is but poorly fitted to direct the energies of a nation, so widely extended, so intelligent, so powerful in resources, so rapidly advancing in population, strength, and opulence. Where a free government gives full liberty to the human intellect to expand and operate, education should be proportionately liberal and ample. When even our mountains, and rivers, and lakes, are upon a scale which seems to denote, that we are destined to be a great and mighty nation, shall our literature be feeble, and scanty, and superficial?）

（作者注：这句话对今天的中国不是也很适用吗？这句话写于187年前，真的太美了！）

第五章
我爱我师,我更爱真理

本章含4篇文章:文一的重点是介绍《雅典学派》。这幅世界名画中的两位主人公是:亚里士多德和他的老师柏拉图,他们在激烈争论;亚里士多德的一句名言就是"我爱我师,我更爱真理"。文二介绍了访问牛津大学住宿学院情况。文三《哥本哈根精神》,它是文一进一步的具体化。这是培育杰出人才的关键措施之一。文四《"孔融让梨我不让"引发的思考》,它清楚地说明了中外在质疑态度上的巨大差异。

质疑，培育杰出人才的关键[*]

一流大学是在质疑环境中逐步形成的，杰出人才只能在不断提问、不断思考的氛围中茁壮成长。在一流大学，这种环境、氛围的重要载体是住宿学院。住宿学院、个性化教育为学生质疑创造了良好的环境。我们期望，参与质疑的人越来越多、质疑的面越来越广。

对学生的质疑理当宽容和赞赏

李政道教授特别欣赏复旦大学校训"博学而笃志，切问而近思"前后两句话中的各第二个字："学"和"问"。学问就是学习问问题，而不是学习答问题。钱学森与他的导师冯·卡门（Theodore von Karman）争得面红耳赤，把导师气得摔门而出；但第二天，他的导师进了钱学森的办公室就一鞠躬，说："你是对的。"钱学森不管老师

---

[*] 本文原载于《文汇报》，2010 年 12 月 28 日；部分内容发表于《中国教育报》，2010 年 12 月 24 日；还载于《国是咨询》，2011 年第 1 期。在录入本书时又做了进一步修改。

多么权威，自信地坚持己见，正体现了《雅典学派》的精神。《雅典学派》是梵蒂冈博物馆里4幅非常著名的壁画之一，见本文照片。

《雅典学院》(Scuola di Atene)，又译《雅典学派》，是意大利艺术家拉斐尔（Raffaello Sanzio）于1509—1510年间创作的。

画面中所有人都在一个大厅里面，没有地位等级。画面中的中心人物是古希腊哲学家柏拉图（Plato）和亚里士多德（Aristotle），围绕他们共有50多位学者名人，他们代表着古代博雅的7个方向——语法、修辞、逻辑、算术、几何、音乐、天文学。他们自由热烈地进行学术讨论，洋溢着百家争鸣的气氛。

柏拉图右手手指向上，表示一切源于神灵的启示，亚里士多德右手手掌向下，说明现实世界才是他的研究课题（见照片）。亚里士多德与他的老师柏拉图并列走在一起，学生与老师争论得面红耳赤。亚里士多德有一句名言："我爱我师，我更爱真理。"谁都不代表真理，老师也不一定有真理；真理高于一切，在一个看不见的地方，每一个人都可以通过自己的理性去领悟真理。我感到这张画所呈现的东西正是中国之所以落后西方的根源所在。西方腾飞的时候，他们的GDP并不比我们高，但是他们上去了，我们还在后面。这与我们从小就有的一个习惯或思维有关。以色列和美国的学生回到家里，

这是进入梵蒂冈的大门之一,门外是意大利,进门即是梵蒂冈博物馆

《雅典学派》
(陈弘 2013 年 7 月 19 日摄于梵蒂冈博物馆内)

第五章　我爱我师,我更爱真理

《雅典学派》(局部)
(陈弘 2013 年 7 月 19 日摄于梵蒂冈博物馆内)

家长不问你考了多少分，而是问你今天提了几个问题。提问题要比考几分重要得多。几年前我就开始讲一个故事，耶鲁大学旁边有一个很好的小学，Foote School，在课堂上，一个小学生举手说："老师，你写在黑板上的字拼错了。"这不稀奇，美国很多学生都会如此做。但在老师回答了一句："真的吗？我查下字典"之后，这个小孩再次举手站起来，并自信地说："布朗先生，你别查了，我保证你拼错了。"这个字很生僻，而且老师只拼错了一个字母。后来，这位老师在全校家长会上表扬了这名学生的自信。老师对学生质疑的宽容和赞赏，创造了良好的育人环境。创造性人才正是在这样的环境中开始成长的。

在中国的环境下，大家也许会质疑提问的学生："你的教养哪里去了？""你对老师怎么能这样？！"他们的观念和我们差异很大。

哈佛大学的校训为"真理"（Veritas），据说来自拉丁文格言：Amicus Plato, Amicus Aristotle, sed Magis Amicus VERITAS.（与柏拉图为友，与亚里士多德为友，更要与真理为友。）我在上海遇见哈佛大学的前校长劳伦斯·H·萨默斯（Lawrence H. Summers），他是经济学家，在克林顿（William Jefferson Clinton）时期担任过美国财政部部长，后来回到哈佛任校长。他告诉我：他刚做哈佛校长的时候，路上遇到一名对经济很感兴趣

第五章 我爱我师,我更爱真理

《雅典学派》(柏拉图和亚里士多德)

的新生,对他说:"我一直在跟踪你的数据,我发现你的数据有错误。"一个新生敢于对校长说"你错了",这就是哈佛的文化:思想胜于权威。如果一个大学拥有这样的文化,那她就有可能成为世界一流大学。

我再谈谈宁波诺丁汉大学的教学方式。一般是这样的形式:一位教授先讲 15 分钟,然后大家讨论。讨论结束后,由同学来提问、质疑和讨论。很多同学写信给我,说这种方式"完全改变了他"。老师给的不是标准答案,而是看你的思路。其中非常重要的一条,就是鼓励你提问,而且遵从一个原则:没有什么问题不可以提,没有什么回答不可以讨论。任何回答都可能对,也都可能错,都可以讨论。这种方式在教育学上被称为哈克尼斯圆桌(Harkness Table)。哈克尼斯(Edward S. Harkness)是耶鲁的毕业生,后来到英国留学。他与他的家族很富有,1928 年他就捐给了耶鲁大学 1 500 万美元,用于建立一个住宿学院。他提倡上课就要学生围绕着几个圆桌子坐,除了大课以外每节课都是以讨论的形式展开。后来,他又向哈佛捐献 1 000 万美元用以建造住宿学院。从此,耶鲁和哈佛开始建造住宿学院,至今各有 12 个。目前耶鲁在造第 13 个住宿学院,要花 1.5 亿美金,非常豪华。我们没有必要学耶鲁的豪华,关键是要学他们的精神。哈克尼斯圆桌本质上就是小班课。哈克尼斯用下面这段话如此描述这种教学方式:在课堂上,学生可以围着桌子坐,老师会针对一个教程或议案与他们一起交谈,并使学生受到鼓励,参与讨论。这将是一场真正的革命方法。[What I have in mind is (a classroom) where (students) could sit around a table with a teacher who would talk with them and instruct them by a sort of tutorial or conference method, where (each student) would feel encouraged to speak up. This would be a real revolution in methods.]

习惯质疑能够培养学生的自信

宁波诺丁汉大学成立近10年来,贯彻了"宽容和赞赏学生质疑"的精神,使不习惯质疑的中国学生在入校后渐渐有了很大转变。中国人民大学附中校长刘彭芝参观宁波诺丁汉大学后,认为这所学校的学生与众不同就在于两个字:自信。

所以,最近对于可能要建立上海诺丁汉新校区,学生中有些不同意见,甚至出现激烈争论,毫不奇怪。一个学生开始时给校长写了一封措辞尖锐的信:"我过去崇拜您,现在对您极度失望。"但过了10天,在学校领导连续召开两场面向所有学生的公开的解答会后,这个学生又连写两封信,第一封写道:"不得不说,对这件事我想得很不理性……好消息是,越来越多的人渐渐接受了这件事,大家开始用不同的眼光看事情。当然,激烈反

博雅教育

宁波诺丁汉大学也是这样上课的

对派也还不少。"第二封:"听您的讲座,给我最深的感触是您看问题的广度和深度是不同的。我从一个片面的角度去纠结一个细节,没有全面地分析问题,忽视了大环境。"

还有学生说:"英国校区与马来西亚校区的同学有胸襟在7年前支持我们办宁波校区,我觉得我们今天应该更有胸襟。"有个学生问校长:为何面对粗鲁的提问,您能平淡相对?她不了解,这位校长深受哥本哈根精神的影响:物理大师玻尔可以与两位学生海森堡、泡利整天争论不休,泡利更以粗鲁生硬的态度闻名。但没人计较他的"粗鲁",而是深入思考他所提问题的本质。这两位学生与他们的老师——1922年诺贝尔奖得主一样,后来都获得了诺贝尔奖(海森堡,1932年;泡利,1945年)。(请见本章文二:《哥本哈根精神》中的详细描述。)

宁波诺丁汉大学学生的可爱,在于热爱自己的学校,并且敢于质疑,又善于在求真的过程中趋向一致。就这次的争论来看,不足之处在于参与质疑的还只是全校学生的一部分。我们期望,参与质疑的人越来越多、质疑的面越来越广。数月前,耶鲁大学校长在就耶鲁与新加坡国立大学(National University of Singapore)合建人文学院一事作出决定前,与记者对话,并于9月12日发表公开信,引起的争论相当激烈,意见非常广泛。这就是一流大学的成熟标志。"质疑并不针对个人,而是针对科学问题。只有敢于质疑的人,才能使科学不断创新。"①

一流大学是在质疑环境中逐步形成的

一流大学是在质疑环境中逐步形成的,杰出人才只能在不断提问、不断思考的氛围中茁壮成长。在一流大学,这种环境、氛围的重要载体是住宿学院。现在,国内谈论住宿学院的大学越来越多,不少学校已在为付诸实施而努力。住宿学院与我国高校中的学生宿舍究竟有什么不同呢?

其最大不同在于它有一批资深教授被聘为学生的导师,其中一部分导师,包括首席导师,与家人一起住在宿舍里。他们把育人作为第一职责。对此,早期在牛津留学,后曾任教于浙江大学的著名学者费巩曾有过非常生动的描述。(见本书第三章文一:《教书育人,传道授业》。)

世界上最有名的住宿学院之一,是英国剑桥大学的三一学院,由英国国王亨利八世建于1546年。牛顿、培根、达尔文、麦克斯韦、卢瑟福、尼赫鲁均出于此。至今共有32位诺贝尔奖得主、4位菲尔兹奖得主从此学院走出(至2014年,全世界共有57位菲尔兹奖得主;美国18位;法国12位,英国7位,其他国家共享20位)。最近笔

---

① 美国《科学》主编布鲁斯·艾伯茨(Bruce Albers),2010年10月11日。

者参加了三一学院首席导师(Master)期末宴请全体导师(Fellow)的晚会。现任首席导师是勋爵、宇宙物理学家马丁·瑞斯(Martin Rees)院士,曾任英国皇家学会会长,其地位绝不亚于剑桥大学校长。三一学院的首席导师的任命必须获大多数导师推荐,并得到英国首相的认可。这样,"育人为本"在制度上得到保证,与谁做校长没有关系。住宿学院、个性化教育为质疑创造着良好的环境。

陪同笔者前往的是勋爵、应用数学物理学家朱利安·亨特(Julian Hunt)院士,他也是三一学院的导师(全英国有爵士2 000余,勋爵只有200位。既是皇家学会院士、又是勋爵的就更是凤毛麟角了)。在宴会厅的两旁,挂有历届首席导师的油画像,其中有很多诺贝尔奖得主。三一学院有600多位本科大学生,导师却有160余位,而且都负有盛名。这就是剑桥,这就是温家宝总理大约两年前在剑桥大学所说的"剑桥举世闻名,培养出牛顿、达尔文、培根等许多杰出的科学家、思想家,为人类文明进步作出了重要贡献"的大学。世界一流大学一定是把培育人放在第一位的大学。

补记:

诗人徐志摩曾于1920年10月至1922年8月游学剑桥大学,这一时期是徐志摩一生的转折点。他说过:"我的眼是康桥教我睁的,我的求知欲是康桥给我拨动的,我的自我意识是康桥给我胚胎的。"(康桥即剑桥)

剑桥大学三一学院（由国王亨利八世建于 1546 年）

第五章 我爱我师,我更爱真理

牛顿(Isaac Newton,1642—1727)

位于三一学院大门旁的苹果树,这棵树是从牛顿发现万有引力的那棵树(见下面的照片)接株过来的。据说,国内有不少大学都来此接株过

牛顿发现万有引力的那棵苹果树(在牛顿故居内);图中箭头指向处立有一块公证的牌子,见右图

在英国林肯郡的牛顿故居的花园内,牛顿"发现万有引力"的那棵苹果树标有"公证"的牌子

第五章 我爱我师,我更爱真理

左面一位是首席导师、勋爵、宇宙物理学家马丁·瑞斯院士,2010 年 12 月 11 日,他宴请全体导师

在宴会厅的两旁,挂有历届首席导师的油画像。右面一幅像中的主人公是阿马蒂亚·森(Amartya Kumar Sen,1998 年获诺贝尔经济学奖)。1998—2004 年任首席导师。现在他是哈佛大学教授,近年来与笔者都是国际防核威胁组织(NTI)理事会成员

与阿马蒂亚·森的合影(2011年3月22日摄于华盛顿)

第五章 我爱我师,我更爱真理

下面是耶鲁大学的住宿学院的几张照片。

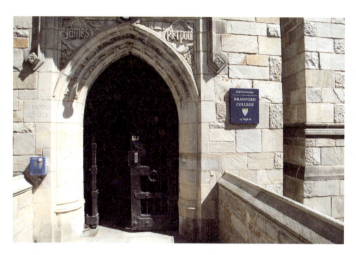

这是耶鲁布兰福特(Branford)住宿学院,学院中一位导师詹姆斯·E·罗斯曼(James E. Rothman)获2013年生理学或医学诺贝尔奖。该校干细胞研究中心主任林海帆教授也是该院导师

进入宿舍见到的"四合院"。左面是首席导师住宿,其底层主要供学生来访作客用。右面是学生住的,也有导师住宿

博雅教育

阅览室

饭厅

第五章 我爱我师，我更爱真理

工艺室

运动房

内森·黑尔(Nathan Hale, 1755—1776)

在大学新生的宿舍院子里,竖有美国民族英雄、耶鲁校友内森·黑尔(Nathan Hale, 1755—1776)的雕像。在美国独立战争中,他被英军以间谍罪绞死,成为美国的民族英雄。在雕像底部一圈上,写有他的名言:"我唯一的憾事,就是没有第二次生命献给我的祖国。"(Nathan Hale, an American hero and Yale alumnus. "I only regret that I have but one life to lose for my country.")

初探牛津大学住宿学院*

    2014年6月10日,我们访问了牛津大学,拜访了牛津大学执行校长安德鲁·汉密尔顿(Andrew Hamilton)教授,并与大学国际策略总监洛伦·格里菲思(Loren Griffith)会面,随后又考察了享有盛名的住宿学院之一——哈特福学院(Hertford College),与在该学院任教的牛津大学首位华人教授——崔占峰教授进行了交流。

    牛津大学建校于1167年,是英语世界中最古老的大学,也是世界上现存第二古老的高等教育机构。牛津产生了至少来自7个国家的11位国王,6位英国国王,47位诺贝尔奖获得者,来自19个国家的53位总统和首相,包括25位英国首相(其中13位来自基督堂学院),12位圣人,86位大主教以及18位红衣主教。

---

* 本文由陈弘执笔。

目前该校共有 11 700 多名本科生, 9 850 名研究生, 总体师生比为 1∶8, 共有 38 个住宿学院, 其中 30 个拥有本科生, 包括哈特福学院。

在我们短短的考察期间, 对牛津大学住宿学院制度有了一些了解。

一、本科学生专业与住宿学院总体情况

根据 2013 年 12 月底牛津大学的统计, 在所有本科专业分类中, 人数最多的依次为医学(957 人), 现代语言学(815 人), 哲学、政治与经济(PPE, 749 人), 历史(705 人), 化学(694 人), 英语学(688 人), 法学(676 人), 物理学(596 人), 数学(579 人), 工程学(575 人), 而人数最少的专业依次为心理学哲学与生理学(PPP, 1 人), 心理学(3 人), 神学与东方研究(3 人), 神经科学(5 人), 人文学(8 人), 古典与东方研究(10 人)。牛津大学国际策略总监洛伦·格里菲思先生介绍说, 牛津大学的学科基本都在世界排名前 10 名, 但是有 3 个学科是世界最好的, 分别为医学、哲学和数学。

在 11 700 多名本科生中, 留学生数为 1 154 人, 接近 10%; 在 9 850 名研究生中, 留学生数接近 4 000 人, 高达 40%。来自中国大陆、中国香港及中国澳门的本科留学生人数最多, 为 335 人, 其后依次为德国(172 人), 美国(154 人), 新加坡(140 人), 爱尔兰(85 人); 如果加

上研究生,那么最大留学生群体来自美国,为1 486人,其后为中国大陆、中国香港及中国澳门(908人),德国(788人),加拿大(395人),印度(381人)①。

在本科住宿学院中,本科生规模基本在300—450人。这些住宿学院都分布在牛津城内,构成了与众不同的城市风格。

二、哈特福学院学生情况

牛津大学每一个住宿学院都是高度自治,以住宿学院为单位,开展本科生教学与活动。目前哈特福学院约有600名学生,其中400名本科生,近200名研究生。英国本科学生根据学习成绩,在毕业时取得不同的学位等第,荣誉分别为一等、二等一、二等二和三等。牛津大学对各本科学院毕业生成绩的评估用了特有的诺林顿表(Norrington Table),根据每个学院取得不同等第的学生人数,对各学院进行打分。在2012—2013年度中,得分最高的是新学院(New College),得分为77.07%,其后为三一学院(Trinity,76.32%),圣约翰学院(St. John's,76.15%),默顿学院(Merton,76.14%),哈里斯曼彻斯特学院(Harris Manchester,73.60%)。

---

① student numbers, http://www.ox.ac.uk/facts-and-figures/student-numbers.html.

哈特福学院在 2013 年的 120 名本科毕业生中,有 35 人得到了一等荣誉,73 人得到二等一。排在当年诺林顿表的第 18 位,得分为 69.33%[①]。

哈特福学院的前身是建于 1282 年前后的哈特会堂(Hart Hall),以最美丽的住宿学院之一而闻名。著名的地标——叹息桥(Bridge of Sighs)连接了学院教学行政楼与学生宿舍楼。住宿学院共有 112 间单人宿舍,供本科一年级学生入住,其他学生则住在学院附近的宿舍楼内。学院只有 3 个教师停车位,所以教师并不住在学院内,但他们大都住在牛津城内,离学院有 5—10 分钟的车程,学生与导师的见面十分便利。但是院长(Principle)在学院内有一处住房,供他居住。

住宿学院内设施齐全,有学生餐厅、教师餐厅、学院小礼拜堂、学生活动室以及学院图书馆等。

三、导师制

我们与在哈特福学院任研究员(Fellow)的牛津大学工程系化工专业崔占峰教授进行了交流,他在牛津大学工作已整整 20 年。1994 年,他成功申请到

---

① 来源:Undergraduate Degree Classifications,http://www.ox.ac.uk/about/facts-and-figures/undergraduate-degree-classifications.html.

了牛津大学化工专业的讲师,在 2000 年,牛津大学首次在工程系化工专业设立教授岗位,他在全球竞聘中脱颖而出,成为牛津大学 800 年历史上首位华人教授,目前还担任牛津组织工程与生物加工研究中心主任。

"牛津大学的每个教师都有两顶帽子",崔教授告诉我们,"一是在院系的教职,二是在住宿学院的职务"。而牛津大学所有本科学生都直接向住宿学院提交入学申请。例如,崔教授属于哈特福学院,那么根据要求,他每年为学院招他所在专业的学生 2 名,完全由他面试,并做最终决定。教师招生权力为何如此之大?原因在于,这名把学生招进来的老师,就自然成为该生的导师,学生在本科阶段的 3 年或者 4 年的学习,完全由他负责。教师每周要与这些同学进行一对一或者一对二的授课、讨论,每次时间为一到一个半小时,这些都计算在教师的工作量之内。用崔教授的话来说,在这样的指导下,学生的学习潜力、用功程度、理解表达能力均表露无遗,是"藏不住"的,这也加深了师生之间的密切联系。如果教师所招进来的学生无法按时毕业,或者毕业成绩不理想,那么他就会在学院里引起人们的注意,对将来的招生不利。这一大胆的招生制度,保证了教师必须全身心投入培养学生之中。

牛津大学的教师在院系中的教职是开设针对某一

年级的专业课，但在住宿学院中，他的学生年级跨度是从新生到毕业生，一对一的授课内容也不仅仅是某一门课程，这样，对教师的教学广度和深度都有相当高的要求。

　　牛津大学对教师没有每年发表多少篇论文的要求，也没有晋升制度。目前大学的教授人数仅100多人，其他教师均为讲师。讲师和教授的区别只是一个称呼上的不同，能在牛津大学执教已经是极高的成就，牛津大学很多讲师也是英国皇家学会院士，他们的年薪并不一定低于教授。

四、观感

　　牛津大学2013年度经费的1/3来自政府拨款以及学费收入，1/3来自科研经费，还有1/3来自基金的运行收入及社会捐赠。牛津大学的基金总额截止到2013年7月为40亿英镑（约折合同时期420亿元人民币）。

　　牛津大学本科教育所实行的小班化、单独讨论的授课方式给财政带来了巨大压力，据统计，培养一名本科生，每一年学校要额外补贴3 000英镑。尽管如此，执行校长安德鲁·汉密尔顿2010年5月在南京举行的中外校长论坛上表示："我们可以停止投资楼房和设备,但不会停止投资'导师制',因为它是我们特别的优势。"①

由于硬件条件的限制,牛津大学的住宿学院不能容纳所有学生,也无法安排教师入住,但她用"导师制"保证了教师对每个学生的关爱,密切了师生的联系,这就是实行"博雅教育"所希望达到的。正如本书中所述,英国的本科专业分类太细,无法做到"博"所体现的淡化专业,但在其他4个要素中做得非常出色。

通过导师的言传身教,让学生体会到"做人第一,修业第二";以导师制为纽带,以学生为中心,把育人放在一切工作的首位;在每周的授课与讨论中,鼓励学生质疑,培养批判性思维能力。丰富的第二课堂,使学生在社团和社会活动中学会了与人相处,培养了各种能力。

牛津大学的传统、特色、对教师的吸引力以及对人的大量资金投入,是其他大学很难模仿的。但在办学方式上,有一点是相通的,那就是:必须坚持以学生为本,以育人为中心,培养真正体会到"做人第一,修业第二"的高素质人才。

---

① "牛津大学的'穷'和'富'",《解放日报》,2010年5月13日。

博雅教育

与牛津大学执行校长安德鲁·汉密尔顿教授

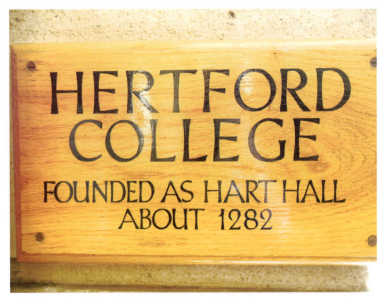

挂在哈特福学院正门入口的木牌

哈特福学院内景之一

哈特福学院内景之二

博雅教育

哈特福学院内的院长住房

第五章 我爱我师,我更爱真理

哈特福学院的小礼拜堂(Chapel),本科生的考试也会在此进行

叹息桥(Bridge of Sighs),连接学生宿舍楼与行政教学楼

在叹息桥上

▲ 哈特福学院的学生餐厅,学院晚宴(Formal Dinner)就在此进行,这是学生社交生活的重要部分

▶ 学生餐厅里的高桌(High Table),供院长、教授、资深研究员和访问学者使用

▼ 在学院教师餐厅,每天午餐、晚餐均免费供应

博雅教育

崔占峰教授介绍导师制，实行一对一、一对二的导师授课也在这样的小房间内

学院内的网球场

▲ 三一学院外景

▶ 基督圣体学院（Corpus Christi College）一景

研究生住宿学院格林坦普顿（Green Templeton）一景

哥本哈根精神[*]

——纪念尼尔斯·玻尔三部曲《原子和分子结构》发表 100 周年

一

杨振宁教授在《基本粒子发现简史》(上海科学技术出版社,1963 年 9 月)一书中,为了说明现代科学研究中出现的合作精神,曾复印了一篇文章的首页,那里署名的作者有 36 个之多,这样的例子,在今天已屡见不鲜了。例如,在杨振宁的书出版 21 年后,在发现 Z^0 粒子的文章中,署名作者就多达 133 个!

尼尔斯·玻尔似乎早已预见了科学合作的重要性。如果说,在玻尔的 57 年(1905—1962)科学生涯中,头 10 年的光辉成就是在 1913 年发表划时代的三部曲《原子和分子结构》,那么,在第二个 10 年中,玻尔并没有一两

---

[*] 本文原载于《自然杂志》,1985 年第 8 期,以纪念尼尔斯·玻尔诞辰 100 周年;转载于黎先耀主编《科学随笔经典》,科学普及出版社,1999 年 2 月;饶忠华主编《聆听科学:中国科普佳作百年选》,上海科技教育出版社,2001 年 3 月;夏中义主编《人与世界》,广西师范大学出版社,2002 年 7 月。在编入本书时做了一些修改。

篇文章可以表征这个时期的成果,但是,他在这个时期对科学的贡献绝不比前 10 年逊色。正是在这个时期,他以自己的威望在他周围汇集起一批杰出的物理学家,形成了"哥本哈根学派",以集体合作的方式对量子力学的建立作出了卓越的贡献。1921 年成立的丹麦哥本哈根大学(University of Copenhagen)理论物理研究所(1965 年改名为"尼尔斯·玻尔研究所"),对近代物理的贡献是难以估量的,它给国际物理学界留下的最深刻的印象则是它的"气氛"——被世人美誉的"哥本哈根精神"。

二

什么是"哥本哈根精神"？正像玻尔的互补原理一样,似乎很难找到一个确切的定义。

玻尔的挚友、著名物理学家罗森菲尔德（L. Rosenfield）对哥本哈根精神的定义是:完全自由的判断与讨论的美德。英国科学记者克劳瑟（J. G. Crowther）认为:"哥本哈根精神是玻尔思想的一种表达,他既具有不可超越的想象力,又具有极大的灵活性和完整的智慧鉴赏能力,他能无比迅速地领悟任何新思想的关键和价值。"

澳大利亚物理杂志编辑罗伯逊（P. Robertson）的看法是:"哥本哈根精神或许可以很好地被表征为玻尔

玻尔研究所

在研究所的右面是入口

入口处墙上的雕塑

上面有该所4位诺贝尔奖得主的名字①

① 本页及上页的4幅照片均摄于2015年6月9日。

给人的一种鼓舞和指导,它与聚集在周围的青年物理学家的才华相结合,体现了领袖与群众的互补关系。""玻尔依靠他的洞察力和鼓舞力量,把他周围的人的聪明才智充分发挥出来。"

传记作家穆尔(R. Moore)则认为,哥本哈根精神是"高度的智力活动、大胆的涉险精神、深奥的研究内容与快活的乐天主义的混合物"。

可以认为,"哥本哈根精神"的核心是在玻尔创导下形成的"平等、自由地讨论和相互紧密地合作的浓厚的学术气氛",在这样的气氛下,"人的聪明才智得以充分发挥"。

三

抽象的定义与具体的例子总是互为补充的。下面来看几个具体的例子。

例一: 1922年6月,玻尔应邀赴德国哥廷根大学讲学,德国一些著名的学者都前来听讲,盛况空前(后被称为"玻尔节")。当时年仅20岁的大学生海森堡,也随其导师索末菲(Arnold Sommerfeld)从慕尼黑专程赶来聆听玻尔的演说。

在玻尔的每次演讲末尾,照例总有一段时间供大家讨论、提问。有一次,当时在大学里只读了4个学期的海森堡,对玻尔的一些看法提出了强烈的异议。玻尔一眼就看出,这些异议是经过仔细研究后提出来的,于是,这位在当时已享盛名的教授,在当天下午就邀请海森堡到附近山区散步,以便能对问题进行深入讨论。在讨论中,玻尔既肯定海森堡的很多想法,又十分坦率地谈了自己的认识过程,还承认"我今天上午说得不够小心",既讨论科学,又谈家常,使人感到十分亲切。最后,玻尔邀请海森堡到哥本哈根工作一段时间。

海森堡后来回忆说:"这是我记得起的、对近代原子理论的物理内容和哲学问题所进行的第一次最为透彻的讨论,它显然对我今后的科学生涯产生了决定性的影响,我真正的科学生涯是从这次散步开始的。"

玻尔则认为,他到哥廷根讲学的最大收获是第一次遇到了两位有才华的青年人:海森堡和泡利。

海森堡接受邀请于 1924 年来到丹麦。不久,玻尔就陪他到哥本哈根北部小城旅行,欣赏丹麦西兰岛的优美风景。这位诺贝尔物理学奖的获得者,与刚从大学毕业的海森堡一起,背着小包,睡在小客栈里,从政治、地理讨论到哲学、物理。这就是玻尔研究所内师生关系的生动写照,"哥本哈根精神"的具体体现。

例二:玻尔靠了非凡的直觉能力,在 1921 年,在量子力学建立之前,甚至更为惊人的,是在泡利提出不相容原理(1925 年)之前,就用原子的量子论解释了元素周期表,预告第 72 号元素的存在,玻尔曾自信地说过:"我们必须期望第 11 个电子（钠）跑到第三个轨道上去。"可是，索末菲的学生，比海森堡大一岁的泡利，一点也不喜欢这种牵强的解释，他用了有两个惊叹号的句子加以批注："你从光谱得出的结论一点也没有道理啊！！"泡利对玻尔的批评不讲情面，但是，玻尔却能"认真地对待这种含蓄的批评，决不因为受到挖苦而气馁"[①]。泡利的可贵之处就是敢于提出非常尖锐的批评，他后来成了近代物理学中最著名的评论家。他不管你有没有名望，都毫不客气地进行批评，有时甚至挖苦、讽刺、态度粗暴。海森堡曾说："不知多少次，他（泡利）骂我'你这个笨蛋'，或者类似的话，这对我很有帮助。可是，我们总是好朋友，我们互相批评，从不见怪。"这个泡利，就是海森堡终身的朋友和科学上的批评者。

在玻尔的邀请下，泡利在玻尔访问哥廷根后就来到了哥本哈根。玻尔让他评论研究所的各项工作，并高度评价泡利的作用，不管大事小事，总要去找泡利聊一聊。虽然研究所里很多人都怕泡利，但是，逐渐地，大家都开始珍视泡利的批评。甚至，当泡利离开哥本哈根之后，他的每次来信都被看作是一件大事，在所内广为传阅。

无疑地，玻尔、海森堡、泡利之间的合作对量子力学

[①] 比利时物理学家罗森菲尔德是玻尔的学生，这句是引自他的话。

的发展起了不可估量的作用。正是他们,形成了"哥本哈根学派"的核心。

例三:1939年,哈恩(Otto Hahn)发现裂变现象不久,玻尔就到美国去了。在那里,他与惠勒(John Archibald Wheeler)合作研究裂变理论。他们的研究结果表明,只有占天然铀千分之七的铀235能在热中子作用下引起裂变,这是一个十分重要的结论。为了从实验上加以证实,玻尔跑到纽约哥伦比亚大学去找费米(Enrico Fermi),恰巧费米不在,但遇到了一位名叫赫·安德森(Herbert Andersen)的研究生。对于这样一位"纤细而恬静、还像孩子刚要成年时那么纤弱"(费米夫人语)的青年人,玻尔却能耐心地、不厌其烦地向他解释裂变现象的原理。玻尔的崇高威望和慈祥的态度对这位青年产生了巨大的影响:不仅激起了他对原子核的极大兴趣,而且通过他,使费米在终止了5年之后又开始了实验学家的生涯,并第一次在回旋加速器上进行实验。

费米开始并不相信铀235在裂变中占主导作用,而倾向于铀238。玻尔首先看到铀235的重要性,但认为,在天然铀中要实现链式反应是不可能的。费米的实验很快证明了玻尔的理论是正确的,铀235确是天然铀中能由热中子引起裂变的成分。但是,费米并不到此为止,他进而想出了巧妙的办法,使天然铀的链式反应得以实现。两位科学巨人互相取长补短，为原子能的人工释放迈出了决定性的一步，原子反应堆诞生了！可是，谁也没有想到，在这个重大问题上，在他们之间搭桥的却是一位青年学生，他是在"哥本哈根精神"的感召下跨入原子王国的，后来成为发明原子反应堆的第二号人物。

这些例子，以及还有许许多多例子，算是老生常谈了。甚至到了20世纪60年代初，笔者在玻尔研究所内还从不同人那里至少听了好几遍，但却总是百听不厌！它们确是哥本哈根精神最生动的体现。

四

"哥本哈根精神"是怎样产生的呢？为了回答这一问题，还有必要回顾一下尼尔斯·玻尔是怎样创建玻尔研究所的。

在1913年玻尔发表划时代的三部曲之后，邀请书纷纷来到玻尔的手中：1916年，美国加州大学邀请玻尔去工作，英国曼彻斯特大学（University of Manchester）校长聘请玻尔去任职；1918年，卢瑟福写出"私人信件，本人亲启"的邀请信，以"把曼彻斯特办成现代物理研究中心"、"年薪200英镑（相当于当时玻尔在丹麦收入的两倍）"为前提，再次请玻尔去英国任职。导师和挚友卢瑟福的邀请对于玻尔当然具有很大的吸引力，但是玻尔回信道:"我非常喜欢再次到曼彻斯特去。我知道,这对我的科学研究会有极大的帮助。但是我觉得不能接受您提到的这一职务,因为哥本哈根大学已经尽全力来支持我的工作,虽然它在财力上、在人员能力上和在实验室的管理上,都达不到英国的水平。……我立志尽力帮助丹麦发展自己的物理学研究工作……我的职责是在这里尽我的全部力量。"

1920年,玻尔又婉拒了来自柏林的邀请,那里的普朗克(Max Karl Ernst Ludwig Planck)愿意为他提供一个与爱因斯坦相当的职位。玻尔一心一意致力于在自己的国土上建立一个物理研究所。

1921年3月3日,在近代物理史上有重大影响的玻尔研究所终于宣告成立。在成立大会上,35岁的所长——玻尔说道:"……极其重要的是,不仅要依靠少数科学家的才能,而且要不断吸收相当数量的年轻人,让他们熟悉科学研究的结果与方法。只有这样,才能在最大限度上不断地提出新的问题,更重要的是,通过青年人自己的贡献,新的血液和新的思想就会不断涌入科研工作。"

正如澳大利亚学者罗伯逊(P. Robertson)所指出的:"这些话,在很大程度上抓住了研究所在今后岁月中应起的主要作用。年轻的丹麦和外国物理学家所带来的新思想和新朝气,在玻尔及其周围有经验的一批合作者的指导下,不久就转化为丰硕的成果。"[1]在人口不到 500 万的一个小国里,出现了与英、德齐名的国际物理中心,这里一直被许多物理学家誉为"物理学界的朝拜圣地"。

这个圣地的中心人物,当然是尼尔斯·玻尔。他事业心极强,夜以继日地工作,但又幽默好客,不摆架子。他爱才如命,到处物色有希望的青年人来所工作。他积极提倡国际合作,以致被人誉为"科学国际化之父"。

在他的研究所里,既有 22 岁当讲师、27 岁当教授的海森堡和作为"上帝的鞭子"的泡利,又有开玩笑不讲分寸的朗道(Lev Davidovich Landau),以及"几乎把画漫画、做打油诗作为主要职业,而把物理倒变成副业"的伽莫夫(George Gamow)。

哥本哈根的气氛使人感到繁忙、激动、活泼、欢快、无拘无束、和蔼可亲。"哥本哈根精神"随着量子力学的诞生而诞生,并成了物理学界最宝贵的精神财富。

补记:

2005 年 7 月,笔者第七次访问玻尔研究所。我国驻丹麦大使甄建国先生陪同前往,他曾在 41 年前抵达哥

---

[1] 来源:Peter Robertson,*The Early Years*(The Niels Bohr Institute),Akademisk Forlag,1979。

本哈根大学学习丹麦文,从此与丹麦结下了不解之缘,前后共在这里度过 16 年,现已成了资深外交官。

  我们 40 年未见,这次一起走进了玻尔研究所的一间普通、但不平凡的教室,它只能容纳 100 人左右,但 80 年来一直是玻尔研究所的学术活动中心。在很多著作中都刊有照片,记载这间教室的辉煌。第 150 页的附照一显示,长板凳上坐满了 3 排。照片上除尼尔斯·玻尔(前排左二)外,还有本文中提到的、年轻的海森堡(左三)、泡利(左四)、朗道(右二),他们后来都获得诺贝尔奖。第 150 页的附照二显示,教室里的座位被全部坐满。照片上除尼尔斯·玻尔(前排左一)外,还有奥格·玻尔(Aage Niels Bohr,前排左二,当时还未获诺贝尔奖)。

  记得在 1963 年我与张礼副教授一起抵达哥本哈根,到机场迎接我们的布朗(Gerry Brown)教授把我们直接送到研究所,不是先报到,而是先进到这间教室,参加周五例行的学术讨论会,后获诺贝尔奖的奥格·玻尔与本·莫特尔逊(Ben Roy Mottelson)均在场,讨论热烈。以后也在这个教室里,陆续听过温伯格(Steven Weinberg)、詹森(Johannes Hans Daniel Jensen)、海森堡等诺贝尔奖得主的演讲。

  这个研究人员不超过 100 人的小研究所,为何能成为世界研究中心之一,培养或接待了短期工作的诺贝尔奖得主 30 余人,一度还成为世界科学家"朝拜的圣殿"?

博雅教育

附照一　长板凳上坐满了3排。照片上除尼尔斯·玻尔(前排左二)外,还有本文中提到的、年轻的海森堡(左三)、泡利(左四)、朗道(右二),他们后来都获得了诺贝尔奖

附照二　全部坐满。照片上除尼尔斯·玻尔(前排左一)外,还有奥格·玻尔(前排左二,当时还未获诺贝尔奖)。感谢威尔·玻尔提供这两张照片

1927 年第五届索尔维会议（Solvay Conference）

前排左起：

朗缪尔（I. Langmuir, 获 1932 年诺贝尔化学奖），普朗克（M. Planck，量子力学重要创始人，获 1918 年诺贝尔物理奖），居里夫人（Mme Curie，两次获诺贝尔奖，1903 年的物理奖，1911 年的化学奖），洛伦兹（H. A. Lorentz，创立电子论，发现"塞曼效应"，获 1902 年诺贝尔物理奖），爱因斯坦（A. Einstein，创立相对论，获 1921 年诺贝尔物理奖），朗之万（P. Langevin，创立"朗之万动力学"和"朗之万方程"），古伊（Ch. E. Guye），威尔逊（C. T. R. Wilson），里查逊（O. W. Richardson）

中排左起：

德拜（P. Debye，获 1936 年诺贝尔化学奖），克努森（M. Knudsen），布拉格（W. H. Bragg，现代固体物理学奠基人之一，与儿子 W. L. 布拉格分享了 1915 年诺贝尔物理奖），克莱默（H. A. Kramers），狄拉克（P. A. M. Dirac，创立量子电动力学，建立"狄拉克方程"），康普顿（A. H. Compton，发现"康普顿效应"，获 1927 年诺贝尔物理奖），德布罗意（L. de Broglie，创立物质波理论，获 1929 年诺贝尔物理奖），波恩（M. Born，获 1954 年诺贝尔物理奖），玻尔（N. Bohr，量子力学奠基人之一，哥本哈根学派创始人，获 1922 年诺贝尔物理奖）

后排左起：

皮卡尔德（A. Piccard），亨利厄特（E. Henriot），埃伦费斯特（P. Ehrenfest，提出"渐进原理"），赫尔岑（Ed. Herzen），顿德尔（Th. de Donder），薛定谔（E. Schrodinger，创立"薛定谔方程"，获 1933 年诺贝尔物理奖），费尔夏费尔德（E. Verschaffelt），泡利（W. Pauli，提出"不相容原理"，获 1945 年诺贝尔物理奖），海森堡（W. Heisenberg，矩阵力学创建者，获 1932 年诺贝尔物理奖），否勒（R. H. Fowler），布里渊（L. Brillouin）

这是我从1963年以来经常在思考的问题。2013年9月23日,奥格·玻尔的长子威尔·玻尔(Ville Bohr)在上海作了如下解释:这样一种研究机构的领导者应该具有与众不同的素质,这种素质或许可以用玻尔的名字Bohr中的4个字母的寓意来作概括:b(bright),即首先要有足够的聪明,这是前提;但是仅此还不够,还需要有o(open),即开放,也就是对新的思维、新的想法,对不同的观点,要有一种开放的心态;再次是h,它有两层意思,一是要有幽默感(humor),从事科学研究有很多的压力、紧张,你必须要能够找到其中的乐趣,能够幽默,幽默能够帮助你解压;h的第二个解释也就是谦虚、谦卑(humble),有很多的科学家往往自视甚高,目空一切,尽管他们口头也称自己很谦虚,但是心理上不把别人当回事,而尼尔斯·玻尔是从心底里感觉别人有很多好的地方比他自己做得好;最后一个r(resources),即资源,做好的科学研究一定需要丰富的资源,这里讲的资源不仅仅是研究经费,也包括在精神上是富足的。正因为有了足够的资源,玻尔才能以百分之百的精力投入研究。

"孔融让梨我不让"引发的思考

在2012年4月18日的《新闻晚报》上有一则报道——"孔融让梨我不让"何错之有,讲述了有一道一年级的语文题,以"孔融让梨"为素材,提问:"如果你是孔融,你会怎么做?"学生回答"我不会让梨",被老师判为错。

故事的内容是:孔融是东汉时期山东曲阜人,孔子的第二十世孙。孔融小时候聪明好学,4岁时已能背诵许多诗赋,并且很懂礼节,巧言擅答。某天父亲拿了一盘梨子,让孔融分给兄弟们吃,孔融挑了个最小的梨子给自己,其余按照长幼顺序分给哥哥弟弟们,孔融说:"我年纪小,应该吃小梨,大的应给哥哥们。"父亲听后很赞许地接着问:"那弟弟比你小,为什么他的梨也比你的大呢?"孔融说:"因为弟弟比我小,所以我应该让着他。"

如果仅以提问"如果你是孔融,你会怎么做?"来分析,要求学生回答的只是他们的想法,无论他们是怎么思考的、怎么回答的,只要语句通顺,都不应该判为错。

反之，就进入了应试教育的套路，让学生来猜老师的标准答案，那一定是"我会让梨"。这样的对错评判标准是不是在扼杀学生的自主思考呢？据学生的父亲说，孩子十分坚信自己的回答，所以这道题他没有订正。他还补充说，这个孩子在生活中并不自私，懂得分享，每天吃饭都会给父母和奶奶夹菜。

无独有偶，在 2010 年 5 月 19 日，美国《世界日报》刊载了蔡真妮一文，题为"另类美国版孔融让梨"，讲述了她女儿在中文班学到这个故事，老师挨个问学生们这同一个问题："会不会让梨？"

在没有标准答案、脱离应试教育的情况下，学生们的回答自然是精彩纷呈，五花八门了。一个女孩说她会吃大梨，因为她知道另外的小朋友每次吃东西都要剩下来，如果把大梨让给他们，肯定要浪费的；第二个女孩是家里的小女儿，她说她也不会让梨，因为妈妈和哥哥总是把大梨给她吃，只有她吃了，他们才会高兴；第三个女孩也回答不让，她说比大她两岁的哥哥对她不好，所以不会把大梨让给哥哥吃；问到作者的女儿凯丽时，凯丽说她也不让梨给弟弟，因为大的吃大的，小的吃小的才公平；还有一个女孩回答说她会让梨，理由很简单：她不爱吃梨，所以不在乎。

在这位美国老师看来，无论学生们的回答是什么，都会称赞"good try"。没有标准的答案，老师也不会评判回答的对错,我们能从这些回答中看到的就是他们确实进行了自主的思考、自由的表达,看到了童真和率直。

培养批判性思维、鼓励质疑是博雅教育的特征,学生们不迷信权威,在充分思考、激烈争论中不断学习,取长补短。这对教育工作者来说,就要提供开放式的环境,让学生们的思维跳出应试教育的框架,培养他们用严密的逻辑、丰富的材料来论证自己的观点,考察是否言之有理,而不是用标准答案来判断对错。这正是宁波诺丁汉大学的教学精神所在。

诚然,从"孔融让梨"的故事同样可以看到"谦让"的美德,正如博雅教育那样,同样也强调"做人第一,修业第二",但美德的养成是不能靠老师出题、用对错来简单评定的。

第六章
丰富的第二课堂

除了以小班课为主导的第一课堂外,第二课堂与第三课堂越来越重要。本章以复旦大学为例,重点介绍第二课堂,它是实行博雅教育所不可缺少的。复旦大学的实例向读者展示,在今天的一流学府中,第二课堂是如此丰富多彩,优秀学子从此跨出校门、走向社会。

第六章　丰富的第二课堂

复旦大学的学生社团、社会实践和学生科研活动

在现代大学中将出现3类课堂：以小班课为主的第一课堂；以学生社团与社会实践为主体的第二课堂（也包括本科生学术研究资助平台这类第一课堂外的活动）；以网络为工具的第三课堂，国际上称之为MOOCs（massive open online courses，大规模的网络开放课程，简称为慕课）。第三课堂的课程种类、内容、开发程度都与日俱增，例如，美国麻省理工学院（Massachusetts Institute of Technology，MIT）在2002年开始，几乎把所有课程的材料都放到了网上，不收费用。它已经吸引了1亿5千万学生；MIT与哈佛大学共同开发的edX网络平台在一年多前吸引了125万学生，为MIT在校学生的10倍[1]。显然，它会对世界高等教育产生巨大影

---

[1] 引自MIT校长瑞夫（L. Rafael Reif）在《时代周刊》（*Times*）2013年10月7日的文章；网上发表于2013年9月26日。

响。但是，它尚不可能替代以讨论式为主的小班课，更无法替代第二课堂。学生在第二课堂受到的锻炼影响他们的一生，是第一、第三课堂无法替代的。在本章附录中对第三课堂目前的发展有进一步介绍。

美国博雅学院排名第一的威廉姆斯学院（Williams College）的弗朗西斯·奥克利（Francis Oakley）校长（任期1985—1993）在1985年的就职典礼上强调，教育不是限制于教室、实验室、工作室或图书馆内的学习，而是一个不同经验与多元的社区生活所整合出来的结果。他特别指出："课外活动如同正规课程一样好；游戏如同工作一样好；同伴与孤独一样好；陌生或熟悉，不安与舒适，抗议或庆贺，规定或自择，失败或成功都好。"[①]

一、学生社团与社会实践

学生社团在复旦大学的校园文化中有举足轻重的地位。复旦大学的学生社团有悠久的历史和广泛的影响力。1925年，复旦剧社成立，成为复旦大学有史以来第一个学生社团。1978年，复旦书画协会的成立，开启了复旦大学社团文化蓬勃发展的崭新篇章。

截至目前，复旦大学拥有各类学生社团310多个，

[①] "文理学院的教育理念愿景——以威廉姆斯学院及阿姆赫斯特学院（Amherst College）为例"，赖鼎铭，台湾世新大学资讯传播系，载于2006年，通识在线第三期。

其中本科生社团 260 多个、研究生社团 30 个、外国留学生社团 19 个。本科生社团分为能力拓展、媒体、电子、兴趣、经管、科学研究、人文、政治、音乐、舞蹈、戏剧、球类、棋牌、健身、户外、公益、助学、国际交流 18 个类别。研究生社团分为学术、实践、文体 3 类。

学生社团已经成为复旦大学校园文化的推进者和大学风尚的引领者。全校平均每学期开展社团活动 2 000 余场,其中形成了一系列有品质、有内涵、有影响的品牌活动,如复旦人节、新生节、社团节、学术文化节,等等。复旦学子将有许多社团参与的校园活动戏称为"百团大战"。**复旦大学辩论队从 1993 年起,更是闻名全球,队员的未来无一不由此受惠。**

学生的社会实践、志愿者服务都是体验式教育的重要形式。**目前,复旦大学每年参与社会实践的学生超过 5 000 人次,立项数超过 500 项,实践地域基本覆盖全国所有省(自治区)和直辖市。**

学校依托相关学院,开设了"大学生社会实践"课程,以增强社会实践的吸引力;通过项目库、导师库、人才库和实践讲师团为实践项目提供全程指导,推动学生实践能力和学术能力的同步提高。

志愿者服务已经成为复旦学生中的流行文化。目前,学校共建立起 42 个志愿者服务站和 38 个长期服务基地,有 50 余个院系志愿者服务队和公益类社团开展定点或长期志愿者服务活动。汶川大地震后,复旦大学有1 077人参与抗震救灾青年志愿者服务队;先后为北京奥运会、残奥会、上海世游会等输出志愿者1 300人次;年招募培训各类大型赛会场馆志愿者近700人次。中国2010年上海世博会期间,更是全校动员,"小白菜"、"小蓝莓"蜚声中外。

从1999年开始,作为首批参加团中央启动的"中国青年志愿者扶贫接力计划研究生支教团"的高校之一,复旦大学的研究生支教团已经走过了14年历程。前后共有超过300名的学生加入宁夏、贵州研究生支教团和"大学生志愿服务西部计划"。复旦邯郸路校区一共有6座教学楼,而复旦学子们把支教团所在的地方称作"第七教学楼"。

复旦众多的学生社团、丰富多彩的社会实践成就了一批优秀的学生。

顺便说一下,耶鲁大学有250个社团(在校学生人数约为复旦大学的三分之一),从此培养了为数众多的大学校长,还有不少国家领袖。宁波诺丁汉大学5 000多名学生中有约80个社团,从此走出了一批优秀学子(见第九章)。

二、本科生学术研究资助平台*

"复旦大学本科生学术研究资助计划"(Fudan's Undergraduate Research Opportunities Program,简称FDUROP),是为支持本科生参与学术研究而搭建的平台。在这个平台上,学生可以在全校甚至更广的范围内选择导师以获得指导,去实践和证明自己独到的想法,去解决问题,完善思想;如果暂时没有闪光的想法,这个开放的平台依然给学生提供获得名家指导、接触学术研究的机会。任何学生都可以在此学习收集文献资料、制订研究计划、设计并参加每一个具有学术标准的研究活动、分析数据、用口头及书面形式描述研究成果,完成提出问题、分析问题、解决问题的一个严谨的学术研究过程,在浓厚的学术氛围中逐步踏入学术之门,并有机会取得喜人的研究成果。

FDUROP从李政道先生在1998年倡立"䇹政中国大学生见习进修基金"(CURE,简称"䇹政项目")起,目前包括"䇹政"、"望道"、"曦源"3个项目,每年共资助学生500余名。

(1)"䇹政项目"。早在1998年,诺贝尔奖得主李政道先生倡立"䇹政中国大学生见习进修基金"(CURE),

---

* 本节内容由徐红、云永旺主笔。

这是用他夫人秦惠䇹和他的名字命名的一个资助项目，故简称"䇹政项目"。CURE旨在倡导并资助本科学生参与学术研究。李先生认为，让大学生尽早地参与科学研究是培养人才的一个重要方法，特别是在当前社会迫切需要创新人才的时候。李先生还认为，精英教育要"一对一"，即一个导师、一个学生；一个学生、一个课题；一个课题、一个学生。

"䇹政项目"自1998年开始以来，截至2014年1月，共立项资助601名学生参加学术研究，已有442名学生顺利结题，获得"䇹政学者"称号。

（2）"望道项目"。在"䇹政项目"成功实施的基础上，复旦大学在2003年组织开展"大学生学术研究资助计划"，简称"望道项目"。此举旨在进一步推进李政道先生关于人才培养的相关思想。"望道项目"实行每学年6个工作周的管理制度，平均每两个月有一个工作周，学生可以在任何一个工作周提交申请、参加中期汇报、提交结题报告。学生有从容的时间按照学术规范反复修改开题报告、灵活调整课题进程。一方面，学生在任何有学术冲动的时候都可以找到支持，大大增加初次尝试学术研究的学生们申请成功的机会；另一方面，可以培养学生形成良好的科研工作规划。

"望道项目"自2003年以来，截至2014年1月，共立项资助1 110名学生参加学术研究，已有537名学生顺利结题,获得"望道学者"称号。

(3)"曦源项目"。复旦大学2008年又组织开展"曦源项目",实行教务处牵头、院系负责具体过程管理的两级管理办法,在院系层面进一步拓展学术研究资助计划,扩大受益面。

"曦源项目"自2008年以来,截至2014年1月,共立项课题1 288项(参与学生1 867人),已有807项课题通过评审,顺利结题。

下面以入选"莙政项目"的两位学生为例。

1. 郭泽宇

2009年6月7日,第25届计算几何国际大会(SCG 2009)迎来了两位特殊的代表——复旦大学年仅20岁的计算机学院大三本科学生、"莙政学者"郭泽宇和年仅25岁的博士研究生孙贺。这是25年来,中国大陆研究机构的学者第二次应邀在这一世界最高级别的会议上报告自己的工作。而这个看似平常的讲台,中国大陆数学家已经阔别了整整18年。

6月10日,郭泽宇在位于丹麦奥胡思大学(Aarhus University)湖岸剧院的SCG 2009会议中心作大会报告,题目是"最小曼哈顿网络问题算法和复杂性"(Minimum Manhattan Network is NP-Complete)。这意味着:计算几何领域一个提出十余年的重要问题由这两位年轻人成功解决。

参加这一盛会的,不仅有全世界最出色的数学家、理论计算机科学家和图像处理的专家,而且还有 11 年前提出这一难题的 C. Levcopoulos。在这些世界级的科学家面前,郭泽宇用仅有的 20 分钟展现了他们解决这一世界难题的证明轮廓。他的流利的英语、清晰的表达不仅给与会代表留下了深刻的印象,更使人们惊叹的是他们在论文中所展现出的对问题罕见的洞察力和复杂巧妙的证明。

给定平面上的一个点集,构造总长度最小的网络,使得任意两点之间都有长度最短的路径相连。这一根据曼哈顿城市地图而抽象出来的数学问题被称作"最小曼哈顿网络问题"。20 世纪 90 年代,西方学者 Levcopoulos 等人提出了最小曼哈顿网络设计的 3 个重要问题,而其中最为关键的即是确定这一问题的计算复杂性类。

在关于曼哈顿网络设计的第一个文献发表后,人们发现了这一数学问题在网络优化、分布式计算、大规模集成电路设计等领域中的应用。同时,研究人员在计算生物学中同样找到了最小曼哈顿网络的身影。在这些众多研究的驱动下,数学家们开始对 Levcopoulos 在文献中所提出的 3 个关键问题展开了漫长的研究。人们首先解决了 Levcopoulos 的第三问题,即 2-近似算法的存在性。在日本、德国、法国、中国、瑞士等众多学者的文献中，两位年轻的中国人郭泽宇和孙贺的论文引起了国际同行的注意。2008年，他们先后给出了解决第三个难题的最简单算法，其成果被国际知名的会议录取，并应邀作大会报告。而此时，他们分别只有19岁和24岁。

2008年6月，郭泽宇受到复旦大学"莙政项目"资助，在博士研究生孙贺的指导下开展学术研究。经过与导师孙贺的认真讨论，郭泽宇将解决Levcopoulos第一问题写到了《莙政学者项目申请书》中。

那是2008年4月，没有人相信这两位年轻人能攻克这一难题。当时国际主流数学家对这个难题没有找到有效的解决途径，以至于《莙政学者项目申请书》的评审专家直接写道"解决这一难题是不现实的"。但李政道先生设立"莙政项目"的初衷就是鼓励这些年轻的学子去尝试、去探索，故专家最后的意见仍然是批准立项，并批准在读博士生孙贺担任其导师——这开了"莙政项目"基金和此类大学生学术资助项目的先河，此前都是由教师担任导师。

从2008年4月到10月，整整200天。无论是在导师孙贺的办公室内，在贵阳暑期学校的散步中，还是在赴香港大学共同访问的火车上，这一问题无不萦绕在两个人的脑海中。

"经常是两个人各自拿一张纸，只是想着解决办法，

4个小时下来俩人一言不发",孙贺这样回忆道。

漫长的思考换来了灵感的闪现。他们将所有的证明细节重新整理,并绘制证明中所需要的每一幅插图。11月末,他们将论文投稿到第25届计算几何国际大会(SCG 2009)。

北京时间2009年2月13日清晨,他们得到了来自SCG程序委员会的好消息:经过4—6位专家两个半月的认真审稿,他们的论文在近170篇文章中脱颖而出,被大会录取,并作为最佳论文之一,应邀向世界顶级期刊《离散与计算几何》投稿。

谈及未来的计划,郭泽宇和孙贺希望能够在目前尚未解决的Levcopoulos第二问题上有所突破。同时,他们将对高维实空间下的曼哈顿网络问题进行研究。

2. 刘嘉

刘嘉是复旦大学化学系2005级本科生,在"箊政项目"计划中完成了"多种磁性纳米功能材料(磁性纳米粒子团簇、磁性介孔材料等)的合成,发展其在环境处理和生物技术中的应用"。部分研究成果已经以第一作者的身份发表在 *Angewandte Chemie International Edition* 和 *Journal of Colloid and Interface Science* 上,并已申请3项中国国家专利。

以下是刘嘉对"箊政项目"结题的感言——从"0"到"1"的变化:

我参加"箦政项目"的计划已经一年了。这一年中，完成"箦政项目"的课题，已经不仅仅是简单地让我完成了一部分实验，得到了一些知识，最为重要的是，在我完成"箦政项目"课题这一过程中，我学会了如何从普通的实验现象中总结规律，再用这样的规律去指导我未来的思维和研究。而对于我们学生，无论今后是从事科研、商业，还是从事政治，培养这样的能力对未来的发展都是至关重要的。因为无论我们做什么事情，都需要以最快的速度从大众的行为和普通的现象中总结出事物内在的深层规律。在探明这一规律之后，再用这一规律指导未来的行为。唯有如此，我们才能在掌握了这样的规律后提出自己的想法，完成自身的创新。

其次，通过"箦政项目"计划的支持与鼓励，让我学会了独立的科研方式，学会了独立地从科学的、发展的角度，全局地去看待一个领域的发展。"箦政项目"给我所带来的，不再是一个头衔或称号，而是一种启蒙，如同父母在我小时候教会我如何从搀扶的爬行，到自己直立地行走。

最初参加"箦政项目"的动力，却是来源于对"箦政学者"这个头衔的向往，总希望能够得到她，得到那HHMI（霍华德·休斯医学研究会会员）之于生物学者那样的光荣。而实验室的师兄师姐们，还有我最崇拜的田博之学长，亦都曾经是这个大家庭的一员。在学校

BBS的精华区中读着他们所写的感言使我第一次认识到这个项目。去年的这个时候，我成功地申请到了这个课题。那时也正是我从跟随实验室的一个师兄学习做实验到自己独立试验的变化时期。成功地申请了"箬政项目"可以说是鼓励了我独立科研的决心和信心，而"箬政项目"的题目，也是我大学中完成的第一个独立的研究课题。在之后的两年中，我完成了很多的课题，发表了一些文章，也得到了一些专利。但是可以说是"箬政项目"的支持给予我启蒙。是她的支持，让我能够勇敢地面对那独立科研的困难。还记得第一次自己设计试验的辛苦；第一次得到数据的喜悦和第一篇文章的纠结。"箬政项目"让我认识到了独立的科研的艰难和险阻。俗话说：不愿意当将军的士兵不是好士兵。衡量一个好士兵的标准是什么？就是他能出色地完成一个将军的任务。那么衡量一个好将军的标准是什么？就是他能够独立地判断战场的形势以及未来的发展。"箬政项目"给我带来的独立思维将是我未来的一笔宝贵的财富。而在这一过程中，我经历了从"0"到"1"的变化，也许未来在其他地方学习，我可以从"1"做到"100"，我可以从"1"做到"1 000"，但唯有这一过程，是在本科阶段发生的一个很大的质变，无论以后我能走多远，变化有多大，这一烙印都将深深地印刻在我心中。

在这一过程中，我还学会了如何与他人进行科学性的交流。我在完成"磁性纳米粒子的团簇"的研究过程中，我一开始仅仅是简单地合成了特殊结构的纳米粒子，并不知道其创新点或者优势在哪里。在之后参加的一个国际会议中，通过跟其他教授交流，我看到了自己所用材料的独特性，看到了这材料能被用到生物的潜力。而正是由于交流所激发的创新性的想法才带来了最后的成果。我觉得，科学的发展就应该有不同领域之间的交流，通过交流和互融，找到更多的创新点，更多地去完成科学所赋予我们的使命。而这种创新性的思维方式，我认为对于现在的本科生而言是非常重要的。前段时间我参加了在某兄弟院校举行的创新性会议，在对比中发现，我们的"箬政项目"已经能够在导师的指导下通过总结前人的经验和成果，并在前人的基础上迈出我们幼稚却坚定的一小步。但是纵观其他学校，他们大多还只是停留在希望去凭空创造一个东西的阶段，而不是通过总结前人的经验走向一个正确的方向。在这点上，"箬政项目"已经给我们指出了正确的方向，让我们在导师的指导下去完成一个课题。这就相当于一种进化，能够让我们从恐龙进化成一只鸟，然后再朝飞机或者UFO的方向去进化。

在大学的本科教育中，我们可以获得各门学科扎实的基础知识，但是只有通过这种独立的创新性过程，我们才能对某些特殊领域有着更为深入的认识；我们可以在大学的学习中掌握某一学科的普遍理论,只有经历了这一独立的创新性过程,我们才能去追求这一领域最新的研究成果;通过大学的教育我们已经能够达到符合社会所需要的一般性人才的要求,但只有经过了这一独立的创新性阶段,我们才能有信心相信:我们拥有在未来成为具有创新性的领袖的潜力。

我们有一位"箐政学者"曾经说过:骑马要骑高头马,戴花要戴大红花。而我相信在这一过程中,我们恰恰做到了这一点。或许我们现在没有能力去完成一个世界最顶尖的课题,我们也没有去开创一个新的领域,但是我们可以说,至少我们已经做了一些世界性的前沿课题。在这一过程中,我们增长了信心,我们得到了鼓励。我们切身实地地感受了完成一个课题是怎么样的过程,这将使得我们不再惧怕,使我们有理由相信:凭着这样的鼓励和信心以及我们得以提高的学习和认知能力,我们将在未来有能力去冲刺更高的顶峰。

最后,参加"箐政项目"给予我的收获是在这一过程中所结识的朋友。毫无疑问,申请到"箐政项目"的同学都是优秀的,而在与他们的交流中亦使得我受益匪浅。他们中的许多人也成为了我出国申请,甚至是未来留学的"战友"。在这个意义上,我获得的帮助更大,因为"箐政项目"提供给我一个与交叉领域人才交流的平台。而广泛的交流,亦是科学研究上成功的基础。所以,当这段

第六章 丰富的第二课堂

经历结束的时候,回头看去,怀抱的更多的是感激和喜悦。感激自己能够有机会曾经站在这个舞台,喜悦于未来的学弟学妹们亦能够得到她当年给予我的帮助。

最后,感谢"莙政项目"给了我这个机会以及赵东元教授对我的悉心指导,谢谢大家!

福家兄:

欣阅9月4日来信。

尤其是关于郭泽宇、孙贺和刘嘉的研究成功事迹,诚英雄出少年!东充份表扬了祖国对青年人的教育和培养是很成功的。congratulations!

中秋即至,敬祝

佳节愉快

政道

2014年9月7日

李政道先生给笔者的信,表达了祖国对青少年的教育和培养的祝贺

1998 年 1 月 23 日在北京参加箸政基金签约仪式

[前排左起：1. 李发伸（时任兰州大学校长），2. 杨福家（时任复旦大学校长），3. 李政道，4. 陈佳洱（时任北京大学校长），5. 钱培德（时任苏州大学校长）；

后排左起：1. 李重庵（时任甘肃省副省长），2. 王珉（时任江苏省副省长），3. 殷一璀（时任上海市政府副秘书长），4. 温家宝（时任中共中央政治局委员、中共中央书记处书记），5. 宋平（原中共中央政治局常委），6. 钱伟长（时任中国海外交流协会会长、上海大学校长），7. 朱光亚（时任全国政协副主席、中国科协名誉主席），8. 周光召（原中国科学院院长），9. 陈至立（时任国家教委党组书记、副主任），10. 徐锡安（时任北京市教委主任），11. 路甬祥（时任中国科学院院长），12. 柳怀祖（时任箸政基金秘书长）。]

第六章　丰富的第二课堂

复旦大学"莙政"师生赴美拜访李政道先生[*]

新闻中心讯　"莙政中国大学生见习进修基金"是著名物理学家、诺贝尔奖得主李政道先生于 1998 年在复旦大学等 4 所国内高校设立的大学生学术研究资助项目,至今已有 16 年。仅复旦大学就有 442 名"莙政学者"完成学业,有些已经成长为国内外著名高校的科研工作者。适逢第十六届"莙政年会"将于今年秋天在复旦举行,4 月 4 日,在杨福家老校长的亲自带领下,在我校任教和在读的 7 位"莙政学者"以及在美国学习的部分"莙政学者"一起赴哥伦比亚大学拜访李政道先生,向李先生汇报自己的工作成绩,并听取李先生的教诲。

座谈会上杨福家校长首先指出,16 年前李先生用自己和家人的所有积蓄创立了"莙政基金",如今已经培养了包括在座同学在内的一大批优秀人才。李先生通过"莙政基金"项目对于年轻人学术研究的支持,其意义不

---

[*] 复旦大学新闻中心 2014 年 5 月 6 日发布。

博雅教育

复旦大学"箬政"师生赴美拜访李政道先生

亚于早年获得的诺贝尔奖。杨校长说，李先生曾表示一个人不管多聪明，不管多努力，如果没有机会，很难作出大贡献。"莙政项目"正是给学生们创造了这样一个机会，众多"莙政学者"也通过李先生提供的平台进而在将来作出更大的贡献。今天大家齐聚一堂，一方面告诉李先生自己当前的研究情况，表达对李先生的感激之情；另一方面也祝福李先生健康长寿。

为表达对李政道先生设立"莙政基金"，并引导复旦大学建立本科生学术研究资助平台（FDUROP）的感谢，教务处徐雷处长代表复旦大学向李先生赠送了由我校书法学会会长、担任过"莙政项目"导师的信息学院王培南教授所刻篆书"莙政"二字印章一枚，及编有历届"莙政学者"的感言、成长经历、学术成果、由"莙政学者"金丽华作词并作曲的"莙政之歌"等的视频文件送给李先生。随后"莙政学者"们一一向李政道先生介绍自己的求学和工作经历。李先生不时对各位同学的研究提问，并饶有兴致地回顾了自己早年在抗日战争大后方求学的经历。

"莙政项目"对于复旦学子学术研究的推动非常显著，有多名"莙政学者"在加州大学伯克利分校、芝加哥大学以及复旦大学、上海交通大学等国内外著名高校任教。在场的李辉教授不仅自己是位"莙政学者"，而且作为"莙政学者"的导师已经培养出多名优秀学生。李辉

博雅教育

座谈会上

第六章　丰富的第二课堂

福家兄：

今天承您主持在母校相聚欢，尤其能和多位复旦同学一起谈话非常欢乐。特此致谢并祝

康安

敬道

二〇一四年四月四日

教授介绍了自己在遗传与中国历史文化交叉学科领域的工作，引起了李政道先生浓厚兴趣，李先生不时打断仔细询问。在场师生无不敬佩李先生博雅精深的学识。原定半个小时的见面汇报，由于现场气氛的热烈被延长到近3个小时。李先生还为由教务处指导、FDUROP学者主办的杂志《为学》欣然题写了"求知"二字，送给广大在学术道路上奋进的复旦学子。

此次活动受到复旦大学教育发展基金会刘晔副主席以及复旦1980级校友、哥伦比亚大学化学系朱晓阳教授的大力支持。

整个活动非常圆满，李先生当天就给杨福家老校长写信（见第177页），表达了他的欣喜和感激之情。

■ 附：第三课堂（慕课）发展的补充情况[①]

慕课出现于 2008 年，真正的井喷却始于 2011 年秋。来自 190 多个国家的 16 万人同时注册了斯坦福大学的一门"人工智能导论"课，并催生了 Udacity 在线课程；不久后，斯坦福大学两位教授创立 Coursera 在线免费课程，2012 年 4 月上线，4 个月后学生数便突破 100 万，一年不到突破了 234 万，后来普林斯顿大学、斯坦福大学、加州理工大学、密歇根大学和宾夕法尼亚大学（University of Pennsylvania）等 62 所知名大学加入合作共建在线免费课程；2012 年 5 月，麻省理工学院和哈佛大学宣布整合两校师资，联手实施 edX 网络在线教学计划，第一门课"电子和电路"即有 12 万名学生注册；2012 年秋，第一批课程的学生人数已突破 37 万，已有全球上百家知名高校申请加入。

2012 年由此被《纽约时报》命名为"慕课元年"，多家专门提供慕课平台的供应商纷起竞争，Coursera、edX 和 Udacity 是其中最有影响力的"三巨头"，前两个均在近期进入中国。

北京大学和清华大学在 2013 年 5 月加入由哈佛和麻省理工发起的 edX。

[①] 材料来源：《光明日报》，2013 年 7 月 16 日。

复旦大学与上海交通大学都在 2013 年 7 月 8 日与 Coursera 签约开展合作。向 Coursera 免费提供中文或英文教学的精品课程。与 Coursera 合作后，复旦大学将负责课程内容的选择和提供，Coursera 负责培训复旦大学的教授和老师，使其所授课程符合 MOOCs 的上传标准和授课标准，如每周必须登录 3 次，在网上回答学生提出的或要讨论的问题等。

在新闻采访中，复旦大学副校长陆昉说，提高自己的课堂教学质量，才是中国大学的立身之本。虽然慕课拥有极好的课程资源，但就高等教育而言，仅仅通过"上大课"是不能解决学生的教学问题的。复旦大学希望借由加入 Coursera 这一契机，将教育方式转变为"大课"加"小课"，如学生利用课余时间自行观看视频，教师收集学生的问题，在课堂上答疑并引导学生讨论这样的方式。

第七章
贯彻教育方针,实施博雅教育

杰出人才应该是全面发展的人,应该是站在巨人肩上的人。因为他是全面发展的人,知识广博,能够融会贯通、举一反三,从而有所发明、有所创造。

以"博雅"贯通人才成长之路*
——学习《温家宝谈教育》体会

《温家宝谈教育》一书是温家宝同志卸任总理后发表的第一本专著。总理工作涵盖方方面面,但首本专著即是关于教育领域的,确实如总理所讲,他对教育有特殊的感情;另外,也反映了教育的地位。正如该书的代序(**强国必强教,强国先强教**)中所说:"一个国家的发展和强盛,从根本上取决于国民素质;国民素质的提高,关键靠教育。"

在阅读后,笔者惊讶地发现,世界一流大学通行的"博雅教育"在该书中得到了充分的体现。

博雅教育的 5 个要素在书中都有清晰的叙述。

一、博,文理融合,学科交叉,在广博的基础上求深度

在《温家宝谈教育》一书的代序中,就有这一内容。

---

* 感谢中国高等教育学会副秘书长叶之红在 2013 年 12 月 5 日的座谈会上代笔者读了这篇稿子,其摘要发表在 2013 年 12 月 6 日的《中国教育报》。

"杰出人才应该是全面发展的人,应该是站在巨人肩上的人。因为他是全面发展的人,知识广博,能够融会贯通、举一反三,从而有所发明、有所创造。……中外历史上许多杰出人才,尽管从事的职业不同,但他们往往有一个共同的特点,就是集科学、文学、艺术、哲学于一身,表现出全面的良好素质。究其原因,科学、文学、艺术、哲学的结合使他们想象力更丰富,视野更开阔,善于抓住事物的本质和掌握事物的规律,因而获得广泛的成就。"(《强国必强教,强国先强教》,第 8 页)温家宝同志谈到在看望钱学森先生时,在怎么培养杰出人才方面,钱学森给了温家宝同志一个建议:"学工科的、学理科的,也要学习一点文学艺术,很多灵感就是在文学艺术的修养中产生的。"温家宝同志说,我今天把他这番话转达给老师和同学们(《坚持启发式教育,培养杰出人才》,第 64 页)。温家宝同志在 2007 年 5 月 14 日同济大学一百周年校庆前夕看望师生时,也对同学们提出了这一希望:"学习理工科的,也要学习人文科学,学习文学和艺术。同样,学习人文科学和文学艺术的,也要学习自然科学。这就是大批杰出人才成长所走过的道路。"(《海纳百川,全面发展》,第 129 页)**2006 年 5 月他同北京师范大学学生座谈时说:"在大学里学科面广对将来成才有用,太窄不好。"**(《教学相长,培养真才实学》,第 315 页)温家宝同志在北京地质学院学习了近 8 年,地质科学与文学、哲学风马牛不相及,但他同样有漂亮的书法、深厚的文学功底,以及在报告、演讲、对话中所展示的对中外文化的了解,这些都体现了温家宝同志优秀的个人魅力。他在 2011 年 10 月 25 日到南开中学时说:"我记得,那时除了学习课本知识以外,我还广泛阅读国内外政治、经济、文化书籍。"(《努力成为一个对国家和人民有用的人》,第 211 页)他还在总结为什么会喜欢哲学、历史、文学时说:"有两方面原因:一方面是家传,从祖父到父亲带来的;还有就是中学的培养,中学底子好,大学看书多。"(《教学相长,培养真才实学》,第 317 页)

从中学开始分文科理科,再到大学进入更为狭窄的胡同中,很难培养出文理相融的杰出人才。我们欣喜地看到,在党的十八届三中全会后颁布的实行全面深化改革路线图中,就有探索高考减少课目,并且不再分文理科的明确内容。

二、雅:做人第一,修业第二

温家宝同志十分强调素质教育,他在代序中就对德育进行了定义:"德育的核心是帮助学生树立正确的人生观、价值观,确立崇高的人生目标,使学生有高尚的道德情操,成为有责任心、有正义感、有奉献精神的人。"(《强国必强教,强国先强教》,第 8 页)温家宝同志在视察中南大学时说:"在学校当中,除了学习知识以外,还要学习做人。学习做人就是让学生懂得一个最重要的道理：你是天下的人，你应该为天下着想。天下最大的事情是什么呢？是万民的忧乐……我希望我们的同学们立身行事时刻想着老百姓！"（《坚持启发式教育，培养杰出人才》，第64页）2012年9月14日温家宝同志应邀到清华大学看望师生时发表演讲，用清华老校歌中"器识为先，文艺其从"一句，强调："上学受教育，首先学习的是'气度'和'见识'，学文学艺是第二位的。这里的气度和见识其实就是泛指做人的问题，文艺其实就是为学的问题，为人与为学相比，不能不占首位。"（《传承民族精神，建设现代化国家》，第235页）温家宝同志在视察河海大学时，对师生们提出了发扬"献身、求实、负责"的精神。在视察同济大学时，他殷切希望同学们经常地仰望天空，学会做人，学会思考，学会知识和技能，做一个关心世界和国家命运的人。在视察中国地质大学（武汉）时，他勉励同学们树立远大理想，有志的青年们要为地质学而献身，利用这门科学为祖国和人民造福。在南开中学，温家宝同志与母校师生谈心，回顾了苦难的童年、贫寒的家境，他在南开中学学习，"首先懂得的就是一个人必须有远大的理想，有崇高的志向，从小就应该立志把自己的一生献给祖国和人民"（《努力成为一个对国家和人民有用的人》，第211页）。温家宝同志不仅是这么说的，也是这么做的。在大学毕业时，他写了两封血书要求到西藏去;研究生毕业后,他可以留在北京,但他志愿到西北地区。在参加地质工作后,工作地点在祁连山主峰,海拔在5 000米以上,不仅要克服高原反应带来的强烈不适,生活条件还异常艰苦。温家宝同志在与中国地质大学(武汉)的师生们谈到经历的祁连山主峰的危险时,只有一句简单的话语,但如身临其境,一定要有极大勇气和崇高志向才能支撑。他说:"今天当面临巨大的思想和工作压力时,我仍然用自己瘦弱但坚强的身躯担起了一切,从不把困难留给他人。这种精神也是母校给我的。"(《树立远大理想,攀登科学高峰》,第221页)

三、以学生为中心,学校把育人放在一切工作的首位

温家宝同志十分明确地提出:"学生是学校的主体,以人为本就是以学生为本。"(《教学相长,培养真才实学》,第317页)温家宝同志倡导学校要坚持"以人为本"的办学理念,以"依靠人,为了人,服务人"为基本出发点,尊重学生、关爱学生、服务学生,发现和培养学生的兴趣和特长,塑造学生大爱、和谐的心灵(《教育大计,教师为本》,第170页)。

温家宝同志重视学校的"育人"工作,他在2005年9月9日接见第五届高等教育国家级教学成果获奖代表时,引用了韩愈(768—824,唐代文学家)的话:"师者,所

以传道受业解惑也。"在这句话中,"传道"摆在第一位。何谓"传道"? 就是要教育学生热爱祖国、热爱人民,具有强烈的社会责任感(《身体力行,教书育人》,第 67 页)。

四、鼓励质疑,"我爱我师,我更爱真理"

温家宝同志在很多场合都引用孔子的名言"不愤不启,不悱不发",并作详细的解释。当学生对事物的道理弄不清楚的时候,老师要通过引导教育,启发他弄通道理,开启道理之路;而当学生懂得道理,但是对事物实质把握不准、还不能准确表达的时候,这时老师要引导他学会正确表达事物的本质。温家宝同志十分提倡这种启发式的教育,这能培养学生善于思考问题、独立解决问题、勇于发现问题(《教学相长,培养真才实学》,第 316 页)。**2012 年 5 月,温家宝在视察中国地质大学(武汉)时的讲话中指出:**"我觉得一个科学工作者,思想应该是开放的,而不应该是禁锢的。他只承认规律和真理,而不屈服于任何权威。一所学校最重要的还是要提倡'独立之精神,自由之思想'。"(《树立远大理想,攀登科学高峰》,第 219 页)

"把学生作为教育的中心,使学生在学习的整个过程中保持着主动性,主动去提出问题,主动去思考问题,主动去发现问题,主动去探索问题。启发式教育的核心,就是要培养学生独立思考和创新思维。"(《身体力行,教书育人》,第 66 页)这和博雅教育所提倡的批判性思维,鼓励学生争论、不迷信权威、追求真理是完全契合的。

五、非常丰富的第二课堂:为数众多的学生社团、学生参与的科研项目及各种社会实践活动,在学习生涯中占有非常重要的地位

温家宝同志在与北京师范大学师生共度"五四"青年节时,回想起假期下乡的经历,他说:"那时我是一个人去、一个人住在农村,睡在老百姓的炕上,我和老百姓的联系和感情是从那时候开始的。下乡除割麦子、收玉米外,还交了一批农民朋友。假期几乎不回家,都到农村去,感觉很充实。"(《教学相长,培养真才实学》,第 317 页)温家宝同志与北京大学师生座谈时还回忆道:"我还是学生的时候,就要求自己一个是多读书,一个是多实践。我本来在地质系就有生产实习和教学实习,多次到周口店,一次到嵩山,一次到秦岭,但是我不满足,我还利用假期下乡,几乎每个假期都去。如果说接触农民,从那个时候就开始了。"(《胸怀祖国放眼世界,脚踏实地努力学习》,第 413 页)温家宝同志讲:"只有对国情、历史较好地了解,对人民有真诚的爱,才能有强烈的社会责任感。""真实的社会一定不会像理想那样的好,这就

是为什么我们要了解社会、改造社会的真正原因。"(《既要学好理论,更要善于实践》,第 327 页至第 328 页)

实施博雅教育,这些第二课堂的经历是不可或缺的。这为学生扩大知识面,了解社会,具有社会责任感,经受锻炼,学会做人,学会与人相处等都起了无法替代的作用。

世界上所有的一流大学都把本科教育放在首位,都在本科教育中实施博雅教育。

《温家宝谈教育》一书是有关教育的、不可多得的一部力作,从中可以看出温家宝同志的言行一致与对教育的情感,值得我们教育工作者好好学习、认真思考。

■ 附：温家宝总理 2007 年 9 月 14 日来信

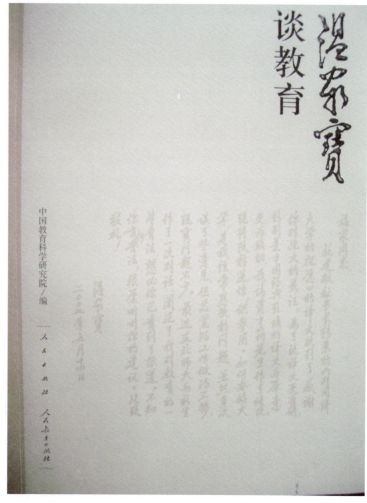

《温家宝谈教育》(封面)，人民出版社，人民教育出版社，2013 年 10 月

第七章 贯彻教育方针，实施博雅教育

福家同志：

托建敏秘书长转来的《对同济大学的祝愿》的译文收到了，感谢你对此文的关注。为了使译文更准确，特别是中国经典引语的译文与原意更为贴切，我请资中筠先生作了修改，现将改好送你，供参用。如何办好大学，是我经常思考的问题，虽然多次谈了些意见，但总觉得工作做得不够。最近在北师大与新生作了一次对话，闻达了我对教育的一些看法，想必你已看到了振道，不知你有何看法，很愿听听你的建议。此致

敬礼！

温家宝
二〇〇七年九月十四日

第八章
美国的博雅学院

本章向读者介绍美国高等教育的精华之一:博雅学院(Liberal Arts College)。除了介绍美国的博雅学院的概况外,重点向读者介绍我们访问过的4所优秀的博雅学院:威廉姆斯学院、阿姆赫斯特学院、斯沃司莫尔学院和史密斯学院。

第八章　美国的博雅学院

美国的博雅学院概况

据最新统计,美国各类颁发文凭或学位的高校总数为4 599所,其中两年制学校1 729所,四年制学校2 870所。其中博雅学院为271所,其中公立的34所,私立中非营利的有233所,营利的有4所。学生总数为46万人,占全美2 072万在校大学生的2.2%,平均每校有学生1 700人[①]。

我们于2012年4月参观了博雅学院排名的前3名学院,即威廉姆斯学院(Williams College)、阿姆赫斯特学院(Amherst College)、斯沃司莫尔学院(Swarthmore College),还有排名第18的史密斯学院(Smith College (MA)),以及哈佛和耶鲁的大学部。

其实,排行榜的种类繁多,各种标准也不尽相同。例如,根据《福布斯》网站的大学排行榜,它们比的是哪些大学最能满足学生需求,而不是比学校的名气。其评

---

① 数字来源:《美国2012年统计年鉴》,美国国家教育统计中心2013年12月发布;《高等教育机构分类》,美国卡内基教学促进基金会2010年修订发布。

比依据的标准共有 5 项：学生对学校的满意程度（占 27.5%）、毕业生的成功程度（占 30%）、学生的负债情况（占 17.5%）、本科生在 4 年内的毕业率（占 17.5%）及学生所获奖项（占 7.5%）。然后再细化到各项标准中，包括学生毕业后在各自领域中的表现、大学学费、学生得到的财务补助和负债情况，以及毕业生对其所受大学教育的评价和对往后人生的帮助等。《福布斯》还通过多个网站调查学生对教授的满意程度、毕业生薪酬水平，以及各院校拥有的名人校友等资料。在《福布斯》发布的 2010 年美国大学排行榜中，威廉姆斯学院名列榜首，紧随其后的是普林斯顿大学和阿姆赫斯特学院。美国西点军校（United States Military Academy at West Point）和麻省理工学院分列第四和第五，而哈佛大学和耶鲁大学则分别排名第八和第十。

2011 年的情况差不多，但是普林斯顿大学排在了第一位。普林斯顿大学被称为"博雅大学"。它和哈佛有什么不一样呢？哈佛、耶鲁都有很多专业学院（professional school），但普林斯顿大学没有。普林斯顿大学没有商学院，没有医学院，在本科生院之外，就只有一个研究生院，而且研究生院没有非常明确的职业导向。还有加州大学圣芭芭拉分校（UC Santa Barbara）也被称为博雅大学。博雅学院很多，但是博雅大学很少。

2014 年公布的美国博雅学院最新排行榜，请见本章附三。

参访的美国博雅学院简介

笔者有幸于2012年4月在国务院参事室的组织下带队去美国访问,参观了6所美国的博雅学院。

一、威廉姆斯学院

1. 简况

该校成立于1793年,位于美国文化名城波士顿西面200多千米的地方,占地2730亩,在美国博雅学院排行榜排名第一。现在全校学生约为2029名,全职教师286名,师生比1:7。

2. 入学

该校2011年的新生录取率为17.3%;录取学生的全国SAT考试(3门课:数学、语文、写作)成绩平均每门为730分(满分800分)。但全满分的学生,即2400分的学生,不被录取的也大有人在,因为他们的体育、音乐、社会活动都不行。书呆子式的学生在威廉姆斯学院不受欢迎。有特长的,平均每门600分也有被录取的。(如进耶鲁大学就读,你必须参加一个社团,因为那里是培养领袖的地方。我问耶鲁大学的莱文校长,你为何能培养那么多领袖。他说:"我有 250 个社团,就有 250 个小领袖,将来一定能产生大领袖。"老布什、小布什、克林顿以及很多大学的校长都毕业于该校,因为它重视大学的课外社团。)

学生入学后,有错误、犯纪律,会接受教育、被警告,但是,如有欺诈、不诚实行为,一旦被查实后立即开除。

在威廉姆斯学院的杰出校友中,我们比较熟悉的有新加坡前总理吴作栋和华裔著名歌手王力宏。

3. 选课

该校每年有 800 门课供学生选修。每年三分之一的课程是新课或有较大修改的课程。在某一方向选满 6 门或多于 6 门,那就是你的专业,因此,学生毕业时可以同时有两个专业。在 4 年内必须选 32 门课,而且必须不同方向的课都要选,因此,多于两个专业一般是不可能的。

华裔著名歌手王力宏 18 岁进该校,毕业时,中文与音乐是他的两个专业方向。该校校长亚当·法尔克(Adam F. Falk)为他而感到十分自豪,认为他的音乐具有很深的文化内涵,显示出中西文化的精华,而这是因为他在该校接受了多元化的教育,这种教育正是威廉姆斯学院的一大特色。

另外,如果学生选了某门课后感到对自己不合适,他可以退出,不作记录。(但在耶鲁大学,学生在选课后,读了不到一半要求退出,可以不作记录、不缴学费;但若超过一半,则要作记录,也要缴纳学费。)

4. 学费

威廉姆斯学院的一件事还留给我一个非常深刻的印象。一位学生入学后,其数理能力非常好,物理实验做得非常漂亮,但是老师发现他拼命地选修法律的课程。老师就去问:"你数理方面的能力那么强,难道你要把法律作为你的专业吗?"他说:"我来威廉姆斯读书借了很多钱,每年5万美元学费,我只能靠学法律来还。"结果校长知道后采取了一个措施,将已收学费全部还给他,而且从此以后该生不需要再交学费,并鼓励他选修他自己感兴趣的课程。为什么校长能这样做?因为这个学校有一个高达18亿美元的基金会支持学校的运作。类似的基金,哈佛有323亿美元,耶鲁有208亿美元。德克萨斯大学系统(University of Texas System)排第三,204亿美元;斯坦福排第四,187亿美元;普林斯顿排第五,182亿美元。威廉姆斯学院的基金为18亿美元;阿姆赫斯特学院为18亿美元屈居第二;斯沃司莫尔学院为16亿美元;史密斯学院位居第四,也为16亿美元。

在威廉姆斯学院,任何学生,不管是否是国际学生,只要家庭困难,都可申请助学金。该校有一半学生

博雅教育

2012 年 4 月 4 日访问威廉姆斯学院，与亚当·法尔克校长合影

获得助学金,平均获得2.5万美元,为学费的一半。很多美国学生在大学毕业后都负债,该校是全美高校中学生负债最低的学校之一。

5. 教员

威廉姆斯学院没有住宿学院。住宿学院是好的,但并非一定要有。威廉姆斯的教员都住在学校附近大概10分钟车程的地方。教员们经常请学生来自己家里,也非常欢迎学生到办公室来讨论问题,并创造各种机会与学生接触。不少教员也在科研上有杰出贡献,但他们一定要把学生放在首位,在搞科研时,一定要把学生带上。"学生是第一位的"是学校的根本理念。

二、阿姆赫斯特学院

该校建于1821年,位于波士顿西面150千米。现在全校学生约为1 800名,全职教师为200名。

这个学校占地6 000亩是一个特点。学校将很多的土地拿出来给教师盖房子,教师只需要付一个成本费,就可以终身住下去,但是不可以出售。如果教师离开学校,学校可以将房屋的成本费经过估算后还给教师。

该校的杰出校友有美国第30任总统柯立芝(John Calvin Coolidge)等。

博雅教育

阿姆赫斯特学院校内一景

三、斯沃司莫尔学院

斯沃司莫尔学院在美国的博雅学院排行榜上排第三。该校建于1864年，位于美国历史名城费城（Philadelphia）郊区，占地2 400亩。现在全校学生约为1 500名，全职教师为200名。

该校的杰出校友有：世界银行第11任总裁罗伯特·B·佐利克（Robert. B. Zoellick），加州理工学院（California Institute of Technology）院长、诺贝尔化学奖得主戴维·巴尔的摩（David Baltimore）。我国的国家一级教授、复旦大学卢鹤绂院士20世纪80年代曾在此任教。我访问该校时，他们的副校长送给了我一份意外的礼物——卢鹤绂院士在这里任教时候的照片。他们对卢先生非常称赞，认为他教书教得非常好，上课非常认真。

这个学校还有一个特点就是校园非常漂亮。

四、史密斯学院

史密斯学院在美国的文理学院排行榜上排第18位。该校建于1871年，位于波士顿西面155千米。现在全校学生约为2 800名，全职教师为280名。占地900亩。

卢鹤绂院士(后排右一)在斯沃司莫尔学院任教时的照片

斯沃司莫尔学院校园一景

笔者在向史密斯学院的校长、副校长介绍来访人员

史密斯学院的图书馆

博雅教育

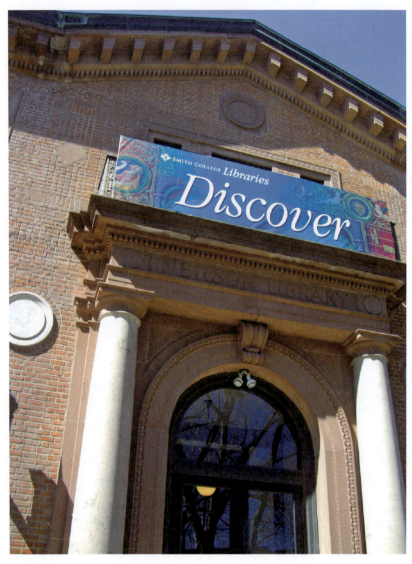

图书馆的门口上方立着一块牌子:Discover。意思就是上大学不仅仅是读书,还需要"有所发现"

史密斯学院是女校，所有校领导也都是女士。杰出校友有：老布什总统的夫人芭芭拉·布什（Barbara Pierce Bush），里根总统的夫人南希·里根（Nancy Davis Reagan），前复旦大学校长谢希德院士（后获得该校名誉博士）。

这个学校也非常漂亮。图书馆的门口立着一块牌子：Discover。意思就是上大学不仅仅是读书，还需要"有所发现"。她到处洋溢着一种文化氛围。她的学生活动中心很大，可以上机、吃饭、看书，还有聊天和讨论的区域，给学生很大的空间。她们还带我去谢希德教授曾经住过的宿舍。这个房间不小，条件很好，现在它已经用作了办公场所。

■ 附一:一则关于全美大学新生调查的新闻报道

2013年8月18日,霍林斯大学(Hollins University)哲学系副教授迈克尔·格廷斯(Michael Gettings)发表文章,题为:"博雅的价值:教育,不只是一个学位。"(The value of Liberal arts: an education, not just a degree.)

现摘取文中一些数字供参考:

UCLA[①]做了2013年新生调查,覆盖283所大学,87%的新生把"得到好工作"作为进入大学的首要目的,为历史最高。2012年卡内基基金会的一个调查显示,美国目前只有130所高校真正实行博雅教育,而1987年这一数字为540所。与之形成对比,2013年4月,美国学院和大学协会(American Association of Colleges and Universities)对雇主进行了调研,主题是:在做录用决定时,最看重求职者何种技能。结论显示,最重要的技能恰是博雅教育所强调培养的:批判性思考、分析能力、清晰的语言表达和文字沟通能力,有效获取、组织和分析来自多种渠道信息的能力(critical thinking, analytical reasoning, clear oral and written communication skills, ability to locate, organize and evaluate information from

---

① UCLA(加利福尼亚大学洛杉矶分校的英文缩写)主持的全美大学新生调查(American Freshmen Survey)已经持续了50年之久。

multiple sources)。雇主们认为,掌握这些能力比专门的知识更为重要的原因是,尽管在入职初期,掌握专门知识通常更有优势,但在长期的职业发展中,具有上述能力的人更有发展前途。

■ 附二:博雅学院,亦小亦美

我们在此摘录张重文先生在 2012 年 6 月 7 日《文汇报》上发表的文章的开始的几段话①:

美国,人口不足千人的小镇林立,民风保守,远离喧嚣。很难想象,那里竟孕育着一批令哈佛、耶鲁、麻省理工都不能小觑的"小学校"。在近年的美国大学排行榜上,这类学校甚至坐上"全美第一"的位置,把一众常春藤盟校甩在身后。

有一批后来广为人知的名字与它联系在一起:中国的宋氏三姐妹,苹果公司创始人斯蒂夫·乔布斯,美国国务卿希拉里·克林顿,凭《推销员之死》、《欲望号街车》等电影闻名的奥斯卡导演伊利亚·卡赞,最具时尚品位的美国第一夫人杰奎琳·肯尼迪……

这类学校有个统一的名字:博雅学院(Liberal Arts College)。区别于"大学"(University),它们以本科教育

---

① 本书在引入时对个别文字做了修改。

为主,学费昂贵。亦小亦美,精英教育,似是它的追求。

有人说,博雅学院是美国高等教育的一朵奇葩。它并不是传授单一学科知识或技能的学校,而是通过提供内容广泛的课程,培养学生以思辨为主的综合能力。很多美国教育家认为,这种通识教育的根源可以追溯到古希腊城邦的公民教育传统,它也被认为秉承了文艺复兴时期的人文教育。要注意的是,尽管只有本科教育,顶尖博雅学院却是美国获得博士学位最多的毕业生院校,它培养的研究能力不容小觑。另有调查显示,就业市场上的金牌雇主们对博雅学院的毕业生青睐有加。

在赴美留学大热的背景下,博雅学院开始进入中国留学家庭的选择列表,一味追捧综合型大学的观念由此悄悄改变。

"小规模、小班化、小社区,大量住校,安全友好的环境完全可以夜不闭户,极其类似私立寄宿高中。教授不是一门心思搞自己的研究,而是专心上课教书,他们面对学生就想到当年自己坐在下面。听得我都想坐进美国的课堂,那才叫读书啊!"

日前,"2012美国顶尖博雅学院招生官见面会"在上海举行,一位家长在听完招生官讲座后的半场休息期间,忙不迭地发布了这样一条博文,取名"留学圈的一次亲密接触"。

■ 附三：2014年美国博雅学院排行榜

美国卡内基教学促进基金会的高等教育机构分类（The Carnegie Classification of Institutions of Higher Education），于1970年制定并在1971年的报告中首次使用。基金会在1976年、1987年、1994年、2000年、2005年和2010年出版了修订版。该分类一经推出，就被美国甚至世界很多国家的组织及个人所认同和采用，并以此为基础，广泛应用于对高等学校的评估排序，指导高中生和本科生及其家长选择美国高等学校。美国最著名的新闻与世界报道年度大学排名（US News and World Report Ranking）就以此为分类排名依据。

2014年公布的美国博雅学院排名如下：

排名	评分
1. 威廉姆斯学院（Williams College）	100
2. 阿姆赫斯特学院（Amherst College）	96
3. 斯沃司莫尔学院（Swarthmore College）	94
4. 鲍登学院（Bowdoin College）	92
米德伯理学院（Middlebury College）	92
珀玛纳学院（Pomona College）	92
7. 卡尔顿学院（Carleton College）	91
卫尔斯利学院（Wellesley College）	91

9. 克莱尔蒙特·麦肯纳学院(Claremont McKenna College) 89
戴维逊学院(Davidson College) 89
哈弗福德学院(Haverford College) 89
12. 美国海军学院(United States Naval Academy) 88
13. 瓦萨尔学院(Vassar College) 87
14. 汉密尔顿学院(Hamilton College) 86
华盛顿和李大学(Washington and Lee University) 86
16. 哈维·穆德学院(Harvey Mudd College) 85
17. 格林内尔学院(Grinnell College) 84
美国军事学院(United States Military Academy) 84
卫斯理安大学(Wesleyan University) 84
20. 科尔盖特大学(Colgate University) 83
史密斯学院(Smith College) 83

第九章
宁波诺丁汉大学：高质量教育培养高素质国际化人才
——初试博雅教育

在本书前言中曾讲到，在博雅教育的 5 个要素中，有 4 个，英国做得相当好。宁波诺丁汉大学是我国第一所中外合作大学，是在我国中外合作大学条例公布后（2003 年）的第二年即获批准、开始招生的，是一个试验地。在即将庆祝其 10 岁生日时，向读者介绍它在实施博雅教育的过程中的成就与不足。"看一所大学的优劣，首先看学生的优劣。"因此，我们重点向读者介绍该校的学生。

2014 年春，由北京大学、复旦大学和宁波诺丁汉大学共同主办，在宁波诺丁汉大学成功召开"中国博雅教育研讨会"，这是中国第一次以"博雅教育"为主题的会议，受到了教育部领导的高度重视。本章收录了此研讨会的综述，以飨读者。

"中西合璧"式的教育[*]

宁波诺丁汉大学是2003年中外合作办学条例颁布后,国内第一所中外合作办学的学校。当初,这件事情的倡导者、英国诺丁汉大学校长、复旦大学前校长杨福家院士有一个理想,让学生们不出国门在国内享受"中西合璧"的英式教育。

什么是英式教育?

"学校不告诉你应该做什么,不应该做什么。它的教育思想渗透到日常学习和生活中,就在不经意间流露出来。"宁波诺丁汉大学校长助理沈伟其总结道。

家长们集体吃了闭门羹

前不久,宁波诺丁汉大学的家长们又一次集体碰了

---

[*] 原春琳,"'中西合璧'式的教育",《中国青年报》,2005年5月19日。编入本书时,做了一些修改。

一回"钉子"。从去年9月学生入校后,他们就不停地打电话,向学校了解学生的成绩。每次,他们都吃了闭门羹。

家长们特别不了解:凭什么我不能知道自己孩子的成绩?

与宁波诺丁汉大学有合作关系的宁波万里集团的领导们也不理解:孩子的成绩怎么能不告诉父母呢?

校长助理沈伟其不止一次向执行校长提出请求。每次,这个来自英国诺丁汉大学的执行校长都是一个答案,不行,成绩是学生个人的隐私。

不得已,沈伟其想了一个折中的方案:成绩可以不告诉父母,但是可不可以告诉负责学生工作的辅导员,让他们转告家长呢?

没想到,回答还是不。他的理由很简单:第一,学校培养学生,首先应该培养他们作为一个负责任的成人,而不是孩子;第二,是否与父母分享自己的成绩,那是学生的责任。如果他有责任感,就会把自己的成绩告诉他的父母,让父母不为他担心,而为他自豪。

"大学培养的是能对自己负责的成年人。"执行校长说。

今年4月初,宁波诺丁汉大学的第三个学期一开学,沈伟其专门给家长写了一封解释信。此后,他很少接到咨询成绩的电话了。

老师是拿着钥匙打开宝库的人

在这所第一家中外合作办学的学校中,中国和英国不同的教育观念经常发生碰撞。

学校还在建设过程中时,一个学校口号的翻译引发了一场激烈的讨论。

这句口号的英文原文是:Academic Excellence in the Service of Global Citizenship。在今年的招生简章上,这句话被翻译成:一流学术成就一流国际化人才。当时,中方很多人认为这句话应该翻译成:一流学术造就一流国际化人才。

是"成就"还是"造就",中英双方各执一词。

执行校长又站出来了。在他看来,不同的翻译反映教育是培养还是服务的问题。如果翻译成"造就",那就意味着学生的成功是学校的功劳。对学校而言,它更大的重心应该在学,而不是教。执行校长经常告诫他的下属:"教授不是完全拥有知识的老师,他们只是拿着打开知识宝库钥匙的人。他们的工作就是打开门,让学生进来学习。"

不到一年两个学生被劝退

去年是宁波诺丁汉大学第一年招生。256个学生经过层层选拔,成为这个新学校的第一批新生。可是在不到一年的时间里,这所学校就有两名学生被劝退。

对一所新学校来说,这个比例可谓不低。

"我们有自己的理由。"校长助理沈伟其说。

第一名学生被劝退的理由是推荐信作弊。沈伟其说,这名同学推荐信上的履历很优秀:毕业于当地名牌中学,在海外读了两年预科,成绩也不错。可是这名同学到学校报到后,老师们发现他的英文水平并没有他在履历中说得那样好。一个在海外读了两年预科的学生,英文的水平只有这样?起了疑心的学校就按照他推荐信中所说的履历逐一核实。最后发现这名学生作假。于是,在第一个学期结束的时候,这位学生被劝退了。

第二名学生是因为成绩不好被劝退的。在面试的时候,这名学生表现得很优秀:绘画很好,戏剧也有天赋。他原本在另外一所国际学校就读。结果在上了一段时间的课以后,老师发现,尽管这名学生很优秀,可是他的兴奋点不在这里。于是学校与家长进行坦诚的对话,分析了该学生的优势和劣势,建议家长不要在这里浪费金钱和时间,应该替学生寻找更适合的学校。结果家长高兴地带着孩子转学了。

对这两名学生的劝退在校内引起很大的震动。沈伟其说,学生们意识到两件事情:一是如果发现学生有造假行为,随时会被劝退;二是不适应也会被淘汰。

学生们的危机意识油然而生。

你们为什么选了差的，不选好的

宁波诺丁汉大学去年第一次招生是在浙江省内进行的。大约有三分之一的学生是通过自主招生的方式选拔的。他们的竞争很激烈：400多人报名，200多人进入材料审核阶段，最后录取的只有88人。

负责招生工作的汤敏老师介绍，最后被录取的学生都通过英式招生方式的考验。他们必须参加英文的笔试和面试。这种方式有些类似于雅思考试。

其中，笔试是用一个小时答卷，有阅读理解、语法和写作。题量很大，学生根本做不完。汤敏老师说，设计者的初衷就是让学生做不完题，借此考察学生对英文的敏感程度。

面试是分组单独进行的，5个房间5个老师，每人15分钟。5位老师都是从英国诺丁汉大学过来的。面试考察的是学生的综合思维和逻辑能力。"其实与中文一样，考的是思维能力和反应力。中文储备决定了他们的英文储备。"汤敏说。

考试结束一周后宣布了成绩。一个中学的班主任带着两个参加考试的学生过来了。这位班主任一开口就质问学校：你们是怎么考的？这位老师指了指一个学生，说，这是我最好的学生，可你们怎么选了不如他的？

"好大学有很多。对学生而言，没有最好的，只有最合适的大学。这位没有被录取的同学不适合我们的体系,但他可能适合另外的大学体系。"汤敏解释。

在新生入校后,学校对新生都有一套跟踪调查系统。高昕老师和她的同事负责这个系统的具体工作。经过将近一年的数据分析,她说,尽管当初进校的学生在成绩上有差别,但到现在,学生们的成绩已经相差不多了。

选择改变就必须自己适应改变

去年刚开学的前两周,新生们着实兴奋了一段时间:世界著名大学的中国分校,全英文的授课环境,杨福家校长的报告,英国诺丁汉大学(University of Nottingham)执行校长的来访……第三周开始,自豪和兴奋过去以后,不适应的症状开始显现了。

首先是生活上的不适应。这些学生多数是独生子女,生活完全自理必须有个过程。

其次是学习上的不适应。授课教师都是老外,这些孩子们碰到不明白的问题,既不敢问,也问不清楚。刚刚高中毕业的他们,还不知道该如何用英文表达自己的意思。

面对着沟通上的困难,这些孩子喜欢到学校的办公室来,找中国老师聊天,说说自己的郁闷。

为此,汤敏和她的同事们希望学校开一个学生座谈会，让他们倾诉苦闷，帮助他们断奶。

这个提议又被执行校长拒绝了。他说："这些孩子既然选择了改变，他们就必须自己适应这种改变。"

又过了一段时间，汤敏发现，很少有学生找她倾诉了。

学生们自己过了这道关。

这里的标准比英国诺丁汉大学还要高

今年9月，宁波诺丁汉大学的新校舍就要投入使用。不仅体育馆、教学楼、主楼这样大型的建筑，小到教室的设置也都是按照英国的原型建造的。

此前，学校借用的是万里学院的校舍。和中国国内的很多高校一样，万里学院的建筑是中国式的。比如最重要的是教学活动场所——教室，容纳三四十人，一排排固定的桌椅。

在执行校长看来，一流的大学必须具有好大学应该具有的学习环境。比如说，社团、体育、餐馆，等等。"我们要把它们创造起来，让学生在这样的环境中接受好的教育。"他说。

结果，宁波诺丁汉大学对这个为期一年的"暂居地"进行了一番重新改造，推倒了原有教室的墙壁，重新规划房间的大小，重新购置适合小班教学的桌椅，就连房屋的层高也在改动的范围之内。

第九章 宁波诺丁汉大学:高质量教育培养高素质国际化人才

如今,学生们在这样的教室里学习:不到 20 平方米的房间,六七张桌子交错着放在一起,可以随意组合。

一个校园的硬件建设固然重要,软件建设也必不可少。

比如说,任课教师。宁波诺丁汉大学的教师全部由英国诺丁汉大学按照英国本部的标准聘任。90%以上的教师拥有博士学位。与专业教师相比,英语教师一般不要求博士学位,但是必须具备硕士学位和英语职业证书。

宁波诺丁汉大学大约三分之一的员工来自中国,多数从事行政工作。他们也被列入整体的员工发展规划。沈伟其说,学校有计划地、不断地把员工派到英国诺丁汉大学去交流和培养,吸收好的东西,发展新的东西。

而最后,所有的这一切,教学质量、教师水平都要接受英国专门的教育质量机构的评估。"在中文环境中,我们所做的工作和标准比英国诺丁汉大学还要高。"执行校长说。

但是英式教育并不意味着放弃中国的特色。执行校长说,宁波诺丁汉大学的学生的优势就在于他们在中国国内学习,可以随时了解中国的变化,加强对中国的了解。

"这就如同一盆植物在英国生长是一个样子,在中国生长是另外一个样子。我们不可能脱离它原来的土壤,它必须适应这里。这就是宁波诺丁汉的特色所在。"

执行校长说。

在项目中学习英语

英国的本科学制是3年。为了与中国的4年学制相衔接，宁波诺丁汉大学特地设计了第一学年的预科课程。而语言是学生们在这个学年最需要克服的事情。

学校教务处主管汤哥顿介绍，英国诺丁汉大学的英语培训中心特地为这些学生设计专门的强化英语教材。这一年的目标是让他们的英语水平从生活用语逐步提高从而达到学术学习的要求。"学生们差的不是说话，关键是在课堂上用英语听课，写论文，讨论。他们要习惯把英语变成一种学习语言。"汤哥顿说。

学校在教学中设计很多项目，让学生们在项目中学习英语。

汤哥顿举了个例子，在第一个学期，学校让学生们出墙报，介绍英国的城市。孩子们积极地从网上找各种各样的材料，遇到不懂的单词就查字典。最后用他们对这个城市的了解，用他们的语言介绍这座城市。后来学校还让学生们设计问卷，具体的题目完全根据学生自己的兴趣，可以谈食物问题，也可以谈运动问题。在兴趣中，让学生学习英语。

上学期的圣诞节，叶越和她的同学们大大出了一次风头。她们所在的戏剧社表演了一个小时的话剧。阿拉丁、美人鱼和绿野仙踪这些不相干的童话故事被串到一起。一些现代的、搞笑的语言也被搬到了这里。

"英文剧本是我们自己写的。"叶越很自豪。

这段时间,叶越的重头戏是课堂作业。她要作一个关于电影《紫色》的3分钟的演示。"为了这台上的3分钟,台下我至少要花去3个小时的资料准备:电影介绍、影评、美国种族冲突的历史……"

叶越还有其他的功课。尽管如此繁忙,但叶越又在筹划另外一个英文短剧的演出。"这也是一种学习。"她说。

"我们不给学生压力,不让学生有紧张情绪。通过做项目,让学生把所有的技能都集中展示出来。"汤哥顿说。

在宁波诺丁汉的第一年,学生们还要适应另外一种变化:每个学期考试结束后,班级的格局就会发生一次变化。汤哥顿介绍,学校根据成绩来划分不同的班级,进行分级教育,方便学校根据每个学生变化和进步进行详细的分析,寻找最适合他们的教学方式。经过一年左右的实践,学生们英语的差距越来越小。

第二个学年就要到来了。又一批新生要到来了。执行校长和他的同事们感到压力很大。

"全世界和中国同行都在看,这个学校到底怎样。我自己也很期待想看看4年后第一批学生的样子",执行校长说,"对于我们来说,成功就是能把非常好的学生培养出来"。

博雅教育

国内第一所以中外合作形式创办的大学*

——"宁诺"走过10年,可以复制吗?

2014年4月,宁波诺丁汉大学(以下简称宁诺)将迎来建校10周年,10年对一所大学的历史来说太过短暂,但是,作为国内第一所以中外合作形式创办的大学,第一个吃螃蟹者宁诺走过的这10年因其"探路属性"而备受各界关注。不久前,应著名教育家、宁诺校长杨福家先生邀请,记者在宁诺校园逗留了几日,多方接触了该校学生、老师、管理者,意在以旁观者的视角来看这所学校:它是怎么运作的?在培养学生这个核心问题上,它做得怎样?在中国现有体制下的高校中,宁诺的探索是否具有可复制性?

宁诺位于宁波市高教园区,从高铁宁波站下来只需20分钟车程就到,而从市中心驱车三刻钟可到。即使是第一次来的人,只要远远看到学校标志性的钟楼建筑,

---

* 本文作者为《文汇报》记者江世亮,原载于《文汇报》,2014年4月17日。

就知道是这里没错了。6年前,记者曾来过一次,当时学校的教学、管理还处在运行调整阶段,这次来感觉大不一样,学校所有事务都上了正轨:教学扩容,在社会科学学院和人文教育学院的基础上新增了理工学院;目前学校注册学生人数已达6 300多人,包括本科生、硕士生和博士生,学生来自全球70个国家和地区。校方在介绍情况时让我难忘的一个数字是,今年起该校的学费已经"涨"到每年8万,相当于现在国内普通高校的10倍,尽管如此,报考者有增无减。学校对入学标准一直卡得很紧,考生必须达到高考第一批次录取分数线,而且高考英语成绩必须达到115分以上。8万元一年,意味着读完本科加上生活开销,差不多要40万,在如今国内学生就读高校选择机会越来越多的情况下,宁诺凭什么赢得这些学生和家长的青睐?

"样板的作用"

尽管创办10年,但宁诺的基本情况不见得被很多人了解,这里容我大致介绍一下:这所学校的教学模式严格按英式教育大纲操作,这里的教学和管理完全与英国接轨,接受英国高等教育质量保障署的监督,颁发的是英国诺丁汉大学的文凭(同时颁发中国文凭的申请已获批准)。此外,英国第三方国际教育评审机构定期要派督导驻校一段时间,进行实地评审。

这里的教师选聘，通常是系主任提出招聘要求，院长经过讨论后在全球招聘。招聘有一套严格的程序，有些人选则需要双方共同决定。负责教学的执行校长和学院院长由英国诺丁汉大学本部选派。

从世界各地招聘来的老师，一旦进来就要执行和英国一样的标准体系，从校长、学院院长到系主任要保证新来的老师知晓英国的教学质量手册，这本手册对课堂教学、考试、惩罚制度、考官制度等都有明文规定，如有修订都要让老师知道。

纯英式教学，还意味着整个学校系统都是用英文交流，校方不希望会说中文的老师在校园和学生说中文。为了帮助学生尽快适应这里的英语环境，这里本科的第一年以语言强化为主，另外还有历史文化类课程，包括中国文化教育课程、思想教育课等，但这些课程的教材不是简单照搬，而是融入了中西文化的元素。

其实宁诺得以"出生"，离不开中国改革开放和教育国际化的大背景，也与杨福家院士的努力分不开。这些年来，这位曾出任过复旦大学校长的教育家，通过在包括国家总理召开的教育座谈会等各种场合建言以及在媒体上著文，为推动国内的高教改革不遗余力，但是他总感觉效果不大，于是想到如果能直接办一所体现这些理念的大学，或许才更有说服力。但随之面临的问题是，国内外已有这么多大学，你如何去办？宁诺的开创者们首先想到的是借助西学模式,其核心就是极其强调质量,"除了质量还是质量",如此就有了10年前的宁波诺丁汉大学。

历经10年发展,这所基本上不靠国家财政拨款创办的高等学校的品质已经趋于成熟,社会上口碑不错,如今要考这所学校已经相当不易。半年前,杨校长和我通电话时说,他真的被一批批宁诺学生所感动,他觉得这所学校的价值从他们身上体现出来了,"样板的作用真的会胜过一打纲领"。

忙碌的学生

这里的学生很忙,主要不是忙于应付各种考试,而是为各种小组讨论、团队作业准备各种材料、课件,关于这些学生在忙些什么,课是怎么上的,学习的效果如何,学生的感受如何等问题,我访问的几位学生和老师提供了一些答案:

许归然,商学院国际管理专业研二学生,这位从中国民航飞行学院念完本科后考到宁诺读研的男生说,他高中时就受到杨福家教育思想的影响,对宁诺的教学理念很认同,曾一心想报考宁诺,但因高考英语成绩差了3分未能如愿。进来后,小许最在意的是,这所学校能不能真的以学生为中心。一年多读下来后,他感觉超过了预期,"这里学校的老师、管理者是把学生当作财富,学校的所有事情都是围着学生转"。小许举例说,如果一个学生因身体不舒服发了封请假邮件,老师会马上回复并询问病情,而且老师课后会把那节课的内容、对课程及作业的要求都通过邮件及时转达。

小班制讨论是这里课堂教学的主要形式,本科生一般是 16—20 人一个班,研究生则在 20 人以下;一堂课 2 个小时,当中有 10 分钟休息,通常是前半段理论教学,后半段案例讨论,每节课老师都会给学生发问的机会。

团队作业也是这个学校的特色之一。所谓团队作业,通常是老师给出一个案例让学生作展开性阐述,一组学生(5—6 人)自由组合,相当于一个项目组,有一个负责人,团队中有人搜集资料,有人承担 ppt 制作,有人写课题报告,有人负责现场表达。团队作业都是在班里交流后由老师打分,团队中每个参加者的分数是一样的,这种设计也是希望突出团队整体性。

这样的团体作业一般每年有几次,团队作业成绩占到整个期末总成绩的 30%,仅次于期末考试成绩 30%—40% 的占比;剩下来的 30% 中,课堂表现(包括上课发言的质量、上课到位的情况等)占 10%,课程论文占 20%。

小许的介绍,和在校园内见到的情况是对得上号的。我看到的学生很少有在慢慢溜达的,大多是快步走着。晚上 9 点多,我在学校图书馆的讨论区看到好几群学生在围坐讨论,我不敢多停留,怕影响他们,但大致听出他们是在为某一个团队作业的主题表达而争论,团队作业期间,这样的讨论交流会有多次。

我后来有机会了解到商学院某个团队作业的商定情况:这个小组(2个中国学生,4个国际生)讨论的作业从全球变暖,细化到雨天不会湿的鞋子,最后落实到使鞋面不湿的喷涂料。据检索,这种涂料能在美国买到,涂上3—5分钟后就能达到效果,这种鞋子应该在印尼等受气候变化、海平面上升影响的国家中很有市场;进而他们又谈到了运输成本,算出一个集装箱能装9 560瓶这种涂料,核下来每瓶涂料的运输费只有80美分。然后再作经济上的可行性分析,得出的结论是印尼当地对这种涂料非常有需求。

国际商务与经济专业的大四本科女生谷惠婷介绍了大二一门"创业学"的考核情况:每个小组有30秒时间展开陈述,随后,小组成员对具体情况进行模拟并陈述想法。对小谷这个专业的本科生来说,课程论文占20%,另外80%来自平时的课程成绩。为了完成论文,要做广泛的调查,老师只是给出建议,并鼓励学生采用批判性思维,材料都是学生自己搜集。小谷觉得,4年下来,自己查文献和多角度思维的能力提升明显,"不仅在学习方法上,而且看问题的角度比国内其他大学要开阔"。

批判性思维

出生在台湾，曾在英国任教、并在宝洁公司工作过的刘任远先生4年前应聘来宁诺商学院任教。在刘任远看来，宁诺的教学环境和英国完全一样，"英国大学体制中有导师制，这边也一样。学校分给每个老师20—30个学生，这些学生有任何学习和生活方面的问题都可与导师交流。学校规定导师与每个学生一年要面谈3次，时间相对固定，3次以外要见面可邮件预约。这是学校的规定"。

我问刘老师，面谈时一般学生会问些什么问题。刘老师说，不同年级学生想问的问题不一样：大二学生多问学习，以及社团对自己有无帮助；大三学生会问GMT、雅思的考试，问读研还是工作；大四学生则会讨论申请什么学校以及专业。说到导师写推荐信，刘老师说学校有规定：只要学生有这方面要求，导师必须满足。

本科生要完成的三堂主课里有60—70种课程可选择，其中有些如"领导力"课程，是老师带着3—4个学生到企业去面对现实问题，寻求解决方案。

另外，这里也按英国一流教师的标准，要求老师把研究成果带进教室。比如，他们为研究宁波的创业环境，访谈了大量的宁波企业家，在后来发表的文章中提出了"通路"的概念，引起学术界关注——这样的科研信息他们会随时与学生分享。

在学校教学主管杨珉看来,这个学校在教学上的最大特色是帮助学生找到学习方法,而不是教他们具体的知识。论文要根据学术规范作修改,包括参考文献的引用规范等,在一年级的期中,学生有模拟考试、模拟论文批改,学校把这个称之为"试错过程"。一年间有过这样几次"试错",学生会知道很多规矩,大二起就会严格遵守。

在宁诺我经常听到的一句话是,要鼓励和养成学生的批判思维。在人文教育学院院长卡伦教授看来,这应该体现在学校的各个环节。比如在课堂教学这个部分,教师要鼓励学生适应并参与到各种开放性辩论、讨论中,鼓励学生发表观点,"在我们这里,任何老师学生都不会因为他的观点有多么另类受到批评,相反,一个没有独立思想的学生或一份没有自己观点的作业反而会受到批评"。

杨珉老师为此提供了一个佐证,有个学生在一次考试答题时写了8页纸,但老师只给了他2分(100分为满分)。学生问为什么只给2分,老师说你只是把我讲的东西记下来了,而没有你自己的东西。

围着学生转

以学生为中心,以育人为核心,希望培养出的学生具有更多的担当和自信,这如果已成为一所大学的核心理念,则不仅应体现在教学的各个环节,也应反映在学校管理架构、风气和效率、后勤支持等文化层面上。这方面,宁诺做得如何?

采访中我得到的信息是,这个层面上的"动静"之大,或许是体制内大学难以仿效的。宁诺的行政框架中没有行政处、保卫处等构架,只有行政服务办公室和教务处,每个行政人员都处在开放式环境中,必须负责接待(接听)每一位学生、家长的来访来电;学校也有党委,有专职书记,但职责是落实理事会和校务委员会决定的事项,做好党员管理,协助做好学生工作;另外宁诺的体制保证了即使校长也不能干预学校的正常运转,譬如当某个学生由于某种原因要被退学,家长会找到校长、教务处处长,要求更改这个决定,学校会告诉他可以申诉的程序,但一旦经过程序作出的决定,任何人无权推翻。

如果以上这些特色可能是目前体制内大学难以做到的,那么以下的做法就无关体制了。

在宁诺,我听到最多的赞扬是对学校的电子邮件系统,校内所有事情都是通过电子邮件交流、处理,包括各种通知,学生和学校、老师、教职管理部门的联系。比如有一个实习机会,导师会把情况放在电子信箱里,学生想去的话就自己去申请。凡学生发出的邮件都能很快地得到回复,基本上每个学生每天都会看 3—4 次邮箱,高效的邮件收发已成为这里的一种文化。

来自波兰的国际学生卡米尔对宁诺的电邮系统效率之高有切身体会。半年多前,他给包括开普敦大学和宁诺在内的多所高校投出申请,只有宁诺是在他投了申请后 24 小时内就给了十分清晰、肯定的回复,还提供了宁波的生活信息,这一点是促成他与宁诺结缘的重要因素。到了宁诺后,卡米尔知道负责国际生邮件回复的那位招生办国际招生组组长口碑非常好,哪怕是半夜里给他发邮件,都会很快得到回复。

国际商务与管理专业大四学生张凌捷告诉记者,这里可以做到一些在其他学校做不了的事,如有学生反映食堂菜价贵,学校马上就会改善;再如,在听取了学生的意见后,学校中心大草坪作了改进,分成了中西两种文化风格的绿地。

育人为首位

提到宁诺的文化,很多同学认同,在这里学习视野更开阔,空间和自由度更大,这里鼓励学生参加国际会议,凡学生受邀参加国际会议,学校都会提供补助。

建筑环境与设备工程专业的大四学生司大林等去年参加了由美国暖通工程师学会举办的年度学生设计竞赛,并摘得金牌。谈起这次参赛的经历,司大林很有感触。一开始他们从主办方得到的信息是,要有带队老师组织、申报，但他们的英国老师担心参加这种活动要耗费不少时间，会影响学业，因此就没有推荐。如果是国内其他大学的学生，很可能就因此止步了，但是司大林认为，参加这种竞赛活动的过程对提升自己能力很有帮助，加上大二时也参加过类似的国内外项目，所以他们决定自己查竞赛项目申报信息，然后花几个月时间作了精心准备，将某个建筑的节能改造项目设计得更环保。获奖消息传来后，杨福家校长亲自向这些学生致贺，高度评价宁诺学生这种敢于尝试的精神，学校宣布司大林同学去美国领奖的来回机票由学校支付。

去年6月，作为学校研究生会的负责人，许归然去香港大学参加亚太地区研究生会议联盟创始论坛，国内十几所知名高校的学生会负责人受邀参会。会议最后一天，要对这个联盟创始论坛投票时，内地的一些高校提出不参加联盟，理由是联盟注册地是香港，能否加盟要回去向学校领导报告后才能定，而小许和宁诺一位年轻的辅导员老师一起与会，他俩觉得加入这样一个地区学生会组织，无论对学校还是学生都是一件好事，因此他们毫不犹豫地代表学校投了赞成票。"我们甚至考虑由宁诺来承办一次联盟会议。回来后和学校管理部门一说，非但没有受到任何批评，反而得到校方的肯定和支持，对我们学生会提出的愿意承办一次会议的愿望，学校也积极支持，这些都给我们更多的信心。"小许说。

第九章 宁波诺丁汉大学:高质量教育培养高素质国际化人才

前些年起,国际上有一项名为"赛扶"的项目(SIFE,Students In Free Enterprise,学生自由创业大赛),参与主体是学生社团,2010年举行的赛扶世界杯比赛,全球共一千多支队伍参加,几轮角逐后39个国家的精英团队进入决赛,400名国际商业领袖在比赛中担任评委,国内进入决赛的有清华、北大和宁诺,最终凭借创新而有影响力的项目、流利标准且富有感染力的英语陈述以及自信优雅的团队形象,宁诺赛扶团队代表中国勇夺世界杯亚军,东道主美国拿了第三名。

敢于尝试、乐于沟通,已经成为不少宁诺学生的行事风格,以至于我接触的不少学生都说过,他们和国内其他高校就读的高中同学见面交流时,已经感到在自信心、担当性等方面有不小的领先。在我看来,导致这些差异的原因,实际上是学校的文化在起着潜移默化的作用。

人文教育学院院长卡伦教授反馈了他前年底在北京参加宁波诺丁汉大学校友会上得到的信息:有不少毕业生已经创业,有些人在政府部门工作,这些学生普遍很自信,善于表达自己,喜欢旅行。卡伦非常有自信:"随着中国越来越国际化,我们的学生能适应这种日益开放的环境。"

尽管一所创办10年的大学远未到可以总结经验的时候,但是宁诺的探索还是引起了很多人的注意,其中,不仅有众多考生和他们家长的注意,还有许多教育同行的关注。据悉,今年4月该校将举办"博雅教育研讨会",许多境外的知名学者将齐聚宁诺,就如何促进博雅教育作探讨,显然,宁诺的探索也引起了世界同行的关注[1]。

在宁诺的创办人杨福家校长看来,宁诺的成功其实也再次证明了博雅教育的重要,这位国内知名的教育家近年来在多种场合力推博雅教育,因为他觉得,中国的高等教育若要真正走向世界,博雅教育是必须要修炼的基本课,而在博雅教育的5个要素中,"以学生为中心"——学校把育人放在一切工作首位是其中之要义。

对于宁诺的下一个10年,当家人杨福家已有考虑:"尽管取得了一些成绩,但我们要清醒认识到面临的一系列挑战。我们必须在现有基础上,增加优秀教师队伍,使学校的结构与布局更加合理,设立更多的奖学金,帮助更多学业优秀但家境并不富裕的学生就读宁波诺丁汉大学,使学校朝世界一流大学的目标一步一步扎实前进,那才算是真正的成功。"

---

[1] 北大校长与副校长两位院士带领15位教师参加;还有境内外12所大学的代表参会。

第九章　宁波诺丁汉大学：高质量教育培养高素质国际化人才

优秀的学生*

宁波诺丁汉大学率先引进国外先进的教学理念和优质的教学资源，吸取中外文化教育的精华，形成全英文小班化教学、讨论式学习的创新教学特点，培养学生批判质疑、观点陈述、团队合作、时间管理等各项自主学习的能力；同时，还为学生搭建各种平台，通过各种交流项目，丰富他们的海外学习经历，鼓励学生开展富有国际化特色的社团活动，开拓视野、提升实践能力。办学近10年来，这种以学生为中心的教学模式收到了较好成效，获得社会各界的认可。

从2008年至今，学校6届本科毕业的学生中有约65%进入牛津大学、剑桥大学、帝国理工学院（Imperial College）、斯坦福大学、密歇根大学安娜堡分校（University of Michigan, Ann Arbor）、悉尼大学（University of Sydney）等高等学府深造，其余学生

---

* 本文由胡敏（Selina Hu）主笔。

100%就业,大部分进入全球500强企业。在伦敦金融街顶级投行、全球四大会计师事务所、大型跨国公司、尖端技术实验室、各国顶尖名校,到处都能见到宁波诺丁汉大学学子的身影。用人单位普遍认为,宁波诺丁汉大学的毕业生具有出众的独立思考、善于表达及团队合作的特质,既了解中国的实际情况,又具有优秀的语言素质及国际化视野。下面是2013年毕业学生的几个案例,在他们身上,展现了宁波诺丁汉大学学子的风貌。

孙遇洲:牛津非洲学专业第一名中国女生

2013届国际关系与法语专业毕业生孙遇洲在大四的时候同时收到牛津大学(世界综合排名第6位)全球治理和外交专业、非洲学专业的录取通知书。牛津大学非洲学专业这一届招30名研究生,孙遇洲是唯一被录取的中国人。她将是这个专业历史上第一位中国女生。

孙遇洲在校期间参加过很多公益组织和活动,到民工子弟学校支教、参加欧盟-中国关注留守儿童的民间对话、在上海世博会期间到印度馆当过志愿者……这些活动让她积累了很多经验,也开始重新审视自己的未来。

到了大三下半学期,她从专业课程中接触到了许多关于非洲的知识,她的毕业论文也是讲中非关系的。在这过程中,孙遇洲对非洲的研究也渐渐深入。她的论文导师柯杰诺(Dr. Gernot Klantschnig)是毕业于牛津大学的研究尼日利亚毒品犯罪的专家,见证了牛津大学非洲研究中心的诞生。他为孙遇洲提供了很多非洲研究的第一手信息。

孙遇洲从大三暑假开始申请牛津大学。这期间,她奔走于中国各地的档案馆,进行中国对非洲等第三世界国家外交政策的查档工作。在向牛津递交申请时,孙遇洲附了一份自己研究整理的关于中非文化交流的英文草稿。这对于只能通过《人民日报》英文版来了解中国对世界看法的牛津大学老师来说,无疑是宝贵的信息源。

勇于挑战的孙遇洲希望能够不断挖掘、寻求新突破。"非洲是中国很重要的战略伙伴,我相信中国政府需要这方面的人才。我觉得我做这个可以做出跟别人不一样的成果。"

张青雯:美国名校名企的宠儿

2013年全国普通高校毕业生规模为699万人,许多人感叹一职难求。而宁波诺丁汉大学金融与财务管理专业的张青雯却在大三时就收获了"全美最佳雇主"普拉特公司及其合作伙伴森林城市贸易集团的双份"通行证",有效期长达3年。大四上学期,她更是快马加鞭,一举拿下密歇根大学安娜堡分校(世界综合排名第23位)、华盛顿大学圣路易斯分校(Washington University in St. Louis，世界综合排名第 99 位)、南加州大学(University of Southern California，世界综合排名第 131 位)和波士顿学院(Boston College，世界综合排名第 331 位)4 所美国名校的录取通知书和丰厚的奖学金。

张青雯从大一开始就有十分清晰的人生规划，她积极参加各类社团活动，提升自己的综合素质。大三上学期，在英国诺丁汉大学交换学习的她通过层层选拔，获得在"全美最佳雇主"普拉特公司实习的机会。(普拉特电气公司是电气物流行业的巨头，拥有 100 多家分公司，现已与全球最大的低压电器经销商蓝格赛兼并，成为跨 4 大洲的世界 500 强集团企业，跻身行业前三。)凭借出众的个人能力和出色的工作表现，张青雯的实习时间得以延长。在这段时间内，她带领美国本土实习生独立完成财务项目，最终得到该公司及其合作伙伴森林城市贸易集团的工作录取通知书。

在美国繁忙的实习工作之余，张青雯利用各种零碎时间学习充电，不仅通过了托福(TOEFL)、吉麦特(GMAT)和国际金融风险管理师的考试，还为今后申请研究生走访了 8 所美国名校，深入了解学校情况，与招生办公室老师和学生进行面对面交流。爱好写作的她还在此期间续写了一篇 12 岁开始创作的科幻小说《A4》，并通过参加青少年原创文学大赛发表在国内历史最悠久、最具品牌的文学网站"榕树下"(安妮宝贝、韩寒、郭敬明皆由此成名），获得编辑垂青、推荐出版。

如今，她正在密歇根大学安娜堡分校攻读硕士，同时还担任学校助教，教美国本科生"商务经济学"和"基础会计"两门专业课。张青雯计划毕业后在美国积累点工作经验，将来回国创业，把美国先进的创新理念引进到国内。

田思杨：带领同学一起卓越的学生

来自广西的田思杨于 2009 年进入宁波诺丁汉大学学习国际商务经济学专业，在过去的 4 年里，他不仅自己通过努力拿到了宁波诺丁汉大学、英国诺丁汉大学及其马来西亚校区 3 校最高的平均学术成绩，获得"诺丁汉大学商学院 3 校学术卓越奖"，还成立学习小组，带领同学一起潜心学术、共同进步。

在宁波诺丁汉大学，分数不是一个简单的考试成绩的反映。每门课程的学业评价都是通过课堂陈述、小组作业、论文、考试等综合考评的结果。4 年平均分最高表明田思杨的专业水准、学术能力、团队合作能力、口头表达能力、创新能力等综合素质在 3 校同届商学院学生中首屈一指，也说明学校的质量保障体系和标准与英国诺丁汉大学一样[①]。

---

① 2013 年英国独立质量评估组织（QAA）对宁波诺丁汉大学的评估结论：
与英国诺丁汉大学一样。

没有老师和家长的耳提面命,田思杨学会的第一件事情就是管理时间。他有两个文档是每天都会带着的:一个是任务清单,列好一个月要做的事情,细分到每天;另一个是日程一览表,每天都有详细的时间安排表,帮助他能有效地利用时间。团队合作是田思杨的另一个法宝。他与同专业志同道合的人一起成立学习小组,每周一起复习和梳理所学的知识、分工整理笔记、分享学习心得。该学习小组包揽了国际商务经济学专业的前3名。

作为对学习的调节,田思杨每周都会安排时间做体育运动,也参加很多社团活动。他利用各种机会跟老师一起做研究,还参加实习、实践活动。"我希望能了解企业运作、体验公司里的人际关系,另外,这些经历也有助于提升语言和沟通能力、锻炼出色的创新能力、培养坚韧的创业精神。"大三时,田思杨去英国交换学习,他觉得这段经历使自己的视野更开阔、内心更加包容,对中西方文化的理解也更深刻。他目前在英国帝国理工学院(世界综合排名第5位[①])攻读金融硕士学位。

[①] 以上和以下所说的大学的世界综合排名均根据最新的 2014—2015 年 QS 世界大学排名。QS 世界大学排名(Quacquarelli Symonds World University Ranking)是世界 3 大最具影响力的全球性大学排名之一,也是目前国际上较为流行的世界范围的大学排名。

第九章 宁波诺丁汉大学:高质量教育培养高素质国际化人才

杨隽威:敢对剑桥说"NO"的牛人

河南小伙杨隽威当年高考报考华中科技大学没有被录取,机缘巧合来到了宁波诺丁汉大学就读环境工程专业。4年之后(2012年),他收获的是美国斯坦福大学(世界综合排名第7位)、杜克大学(Duke University,世界综合排名第25位)、卡耐基梅隆大学(Carnegie Mellon University,世界综合排名第65位)、德州农机大学(Texas A & M University,世界综合排名第165位)的硕士录取通知书,以及英国剑桥大学(世界综合排名第2位)、新加坡国立大学(世界综合排名第22位)的博士录取通知书,其中,新加坡国立大学还提供了全额奖学金。他最终选择了斯坦福大学。

"要说我的履历里哪些东西打动了斯坦福,我觉得学校背景是一个重要因素。在宁诺的这4年,我成长了很多。这所学校跟国内大学有很多不同,独特的全英文授课不仅让英语能力有了很大的提高,而且英国式的教育锻炼了我们独立思考的能力。这里学风很好,机房经常爆满,这也是促使我成绩一直不错的一个很重要的因素。"杨隽威的学习成绩在专业一直稳定在前3名,大二的时候拿过学校二等奖学金,大三的时候还获得了"英国BP石油公司成就奖"。

"在成绩好的前提下,社会实践和科研经历对研生申请来说也非常重要。对于工科生来说,证明自己的学术研究能力是美国名校比较看重的。"课余之外,杨隽威在学校的 IT 部门实习,还和其他同学一起成立了英国机械工程师协会的宁波诺丁汉分部,组织了不少活动,这些经历锻炼了他的组织协调能力,提高了他独立解决问题的能力。大三暑假,他又参加科研实践项目,跟着老师做研究,既锻炼了研究思考能力,同时还可以跟教授进行深入交流,让教授看到他的特长,从而让推荐信写得更有说服力。

  杨隽威计划在斯坦福毕业后留美国工作两年,积累点经验再回国发展。

附一：新闻报道之一

宁波诺丁汉大学赛扶团队夺得
2010赛扶世界杯大赛全球总决赛亚军[*]

2010年10月宁波诺丁汉大学的一组学生，在前后共有1 000余队参赛的世界学生自由创业大赛中，在荣获中国冠军后，又代表中国去美国参加世界大赛。2010赛扶（SIFE）世界杯全球总决赛于当地时间10月10—12日在美国洛杉矶万豪大酒店隆重举行。来自全球39个国家的赛扶冠军团队，同台角逐，一争高下。最终，中国代表队宁波诺丁汉大学赛扶团队在北京时间10月13日上午8时凭借其独具匠心的项目、流利的英文陈述和出色的现场表现，一举夺得2010赛扶世界杯大赛全球总决赛亚军。

在他们获得中国冠军时，有人说，这是因为"你们的英文好"，但到了美国，无论是美国大学，还是英国大学，英文都比他们强。那么他们怎么拿第二呢？这主要靠他们从社会实践中得到的独一无二的丰收！

---

[*] 人民网，http://www.022net.com/2010/10-15/436529253186324.html。

博雅教育

宁波诺丁汉大学学生代表中国去美国参加 2010 赛扶世界杯大赛荣获全球总决赛亚军后的喜悦

■ 附二：新闻报道之二

宁波诺丁汉大学学生获得国际建筑设计大赛一等奖[*]

中新网宁波9月11日电(记者 徐小勇 通讯员 徐琼 胡敏)10日,宁波诺丁汉大学建筑环境与设备工程专业大四学生司大林和本专业其他6位同学在国际知名建筑协会ASHARE组织的可持续建筑设计大赛中荣获一等奖。据悉,这是中国学生首次在此项国际比赛中折桂。

据了解,ASHARE是全球两大最权威的屋宇设施建筑标准的制定者之一,国内外的知名建筑均按其标准建设,如迪拜塔、万达广场。这次比赛吸引了众多世界知名大学参加,宁波诺丁汉大学的学生凭借雄厚的实力获得了综合可持续设计(ISBD)组一等奖。

"这次比赛应用性很强,大大地提高了我们的专业能力、锻炼了我们的思维。还有,在整个设计过程中,我们几个人分工合作、交流沟通都十分给力。"

"比赛要求非常严苛,每一项都要按照对应的国际标准来评分。我们的每一个设计都必须有理有据、切实可行。"司大林说。为此,他们制作了3D模型来呈现建

---

[*] 中国新闻网,2013年9月11日。

筑的每个细节。

按照ASHARE的比赛要求,参赛者需要对美国达拉斯一座高20层、内设158间高端公寓的商住楼进行异地改造,在保证美观和控制成本的前提下,使建筑的整体能耗至少下降30%。建筑的基建、墙体、屋顶、开窗设计都要仔细考虑,而房屋的内墙隔音、通风及照明设备等细节也必须兼顾。

可持续建筑设计的核心就是节能环保,因此司大林与队友决定从这个方面下工夫:尽量采用可持续能源和通过各种方法控制、减少能耗。

据了解,在一般楼宇中,暖通空调这块最耗能,约占建筑能耗的37%。因此,减少空调能耗成为建筑节能的关键。参赛的7位同学创新性地在整个空调系统中采用了地源热泵,使得空调系统的能耗降低了40%。

另外,可持续能源和新型材料也在该建筑中得到应用。节能环保的太阳能板被安装在建筑外表面和房檐,一年的总发电量基本可以满足上层住宅区的采暖能耗。整个设计最终通过35页的PPT加上录音解释呈现,他们的设计使原先建筑的能耗减少了35%。参照绿色建筑体系(LEED-NC)评分标准,达到金级标准。

明年1月,司大林将代表6位队友参加在纽约举行的颁奖典礼,他笑道:"没想到第一次去美国是以这样的方式,很兴奋。"

附三：一位硕士毕业生的来信[①]

宁波诺丁汉大学求学感言

沈琳琳（2007届国际传播专业学硕士，现任职于澳大利亚驻华大使馆）

这一生中让我最能感到受益匪浅的日子是在宁波诺丁汉大学，地道的全英式教学模式让我从传统的中式教学模式中脱离出来，第一次感受到西方的教学模式，那是种完全主动的学习方式，从探索一个问题的过程中学到的不仅仅是知识的本身，更多的是一种探索知识的方法、思考问题的逻辑。在这个过程中，诺丁汉的老师只会引导你的思维方式走向正确的轨道，而不会轻易告诉你正确答案，因为很多带有讨论性的话题根本没有正确答案，只要你有观点，并有充足的理由来证明就可以了。因此，学校图书馆的所有参考书籍，还有网络，都成为我们探索问题的丰富资源。

学校的课堂研讨和小班化教学是中国所有高校所不能与之相比的，在激烈的探讨中我们听取不同人的观点，来补充自己思维方式上的不足。小班化教学更是有机会让每个人都发表意见，这就不得不让每个同学动脑筋，不

[①] 该校自2004年建立以来，已有数届研究生毕业。已收到不少毕业生的来信，这是其中一封。

得不让他们集中注意力了。记得当时有同学说在国内大学上一堂课下来从来没有感到有这么累过。更让我感动的是诺丁汉的老师都是那么有责任感,不管从考场纪律到课堂教学,从布置作业到检查和批改作业,都是一丝不苟,尽心尽责,真的做到了对每一位学生负责。

  我庆幸自己当初的选择,选择了宁波诺丁汉大学继续攻读硕士学位。毕业时,在经过了激烈应聘竞争后,我幸运地进入了澳大利亚驻华大使馆工作。在使馆培训期间我适应得非常快,因为诺丁汉的全英语环境为我打下了扎实的基础,在学校的团队工作经历让我也很快融入了他们的团队作业。真心地感谢母校为我提供如此优良的教学条件和教学资源,更感谢诺丁汉老师们的精心栽培,我一定会用出色的工作成绩来回报母校[①]。

■ 附四:两位本科毕业生的来信

  宁波诺丁汉大学已满 10 岁,10 年来最为自豪的是她的学生。与国内其他高校最大的不同,也是学生。笔者担任宁波诺丁汉大学校长期间,感到最大的愉快是经常收到学生的主动来信,看到他们的真情实感。

---

① 更多学生的"真情告白",见《宁波日报》,2008 年 3 月 26 日,A16 整版;或学校出版的多期"诺影随行",记录了很多学生感言。

第九章　宁波诺丁汉大学：高质量教育培养高素质国际化人才

龙欣欣①

敬爱的杨校长：

您好！

不知您近来身体如何？这一年我在英国非常想念您！一直在心里想着要有一番成绩和作为才给您写信！

这一年在牛津，我幸运地选择了一个在牛津最好也是最难进入的专业，班级里近一半的学生是以前已经读出了一个硕士学位，或是在哈佛、耶鲁的博士生期间来这里读的一年的研究生，或已经是一些很有名气的公司经理或银行分析师，令我刚刚进牛津读书的时候倍感压力。

不过，幸运的是，宁波诺丁汉大学培养给我的坚持和毅力，以及在任何时候都不放弃的精神，伴随我度过这一年来重重考核与难关。我同时也幸运地遇到了像您一样的贵人，我的导师 Viktor Mayer-Schonberger，给予我很多大数据学术领域的指导和启发。不断地努力，使我不断地幸运起来。连续两次获得牛津大学研究生奖学金，这对于牛津大学的学生是莫大的鼓励和荣誉。今年6月，我的一篇硕士论文成果获得了在牛津大学举办的全球性质的互联网会议的最佳论文展示奖，成为牛津大学硕士和博士学生中的唯一获奖者。同月，我受第

---

① 笔者看过她的精彩文艺演出，在她最困难时，与她一同早餐。

十二届中国互联网大会邀请，参与在香港理工大学举办的课题研讨活动。在会议期间，我与我在宁波诺丁汉读本科时的导师一起登台，展示自己的研究成果。诺丁汉的老师对我表达了他的欣慰之情。那个时候，我很骄傲，因为我在任何时候都要为母校宁波诺丁汉大学争光。同时，香港大学及香港城市大学的与会教授纷纷对我递出橄榄枝，邀请我申请他们的博士生项目。并且我也荣幸地成为了牛津大学对外宣传大使，被列在了大学官网上。我也是唯一一位来自中国的研究生大使。

　　刚刚交过毕业论文，马上想起您，久久不能平复心情。我一直对自己说，只有取得了成绩才会写信给您，因为我知道，没有您的不吝推荐和培养保护，我不能如此健康、快乐，积极地面对生活和各种挑战。对您，我有太多的感恩与崇敬。每当中秋、新年、您的生日，我都在心里为您默默地祝福和祈祷。感谢宁波诺丁汉大学，一座神奇的学校，这是带领着数千学子实现梦想的摇篮。我永远不会忘记我曾在这里孕育的理想的种子，将继续努力，踏实前行。

　　另外，最近听到很多人来问我和家人朋友有关宁波诺丁汉大学的情况，也知道宁波诺丁汉校园正在造新的教学楼和宿舍楼。短短10年之间，宁波诺丁汉大学能够受到全中国家长们和学子们的认可，与您高瞻远瞩的魄力和远见卓识的教育理念是密不可分的!真心真意地为诺丁汉祝福。如果有机会,我一定回母校效力!

刚刚回到祖国,就跑去看宁波诺丁汉大学,这个梦想盛开的地方,盼望着她不断取得令人欢愉的成绩,扩大在华、在世界的影响力。

无论今后走到哪里,我都会记得我是您的学生,我是诺丁汉大学的学生。

盼望您阖家团圆度中秋。

2014 年 9 月 2 日

笔者给宁波诺丁汉大学理事会成员的信:

龙欣欣同学是宁波诺丁汉大学的骄傲,是学校为她创造的机会。但你们或许不知道,她差一点失去了这个机会:由于在毕业论文中,在引用他人文章时,在所引的内容后没有把文末的引文号写上,评审者给她打了非常低的分数。尽管她的其他课程成绩都非常优秀,但这样的论文分数是不可能被剑桥、牛津录取的。后经申辩,认为她是疏忽了,总算加了一点,但仍未达到给她有条件录取的剑桥大学的直博条件,幸亏牛津还是取了她。笔者希望,宁波诺丁汉大学不仅有大楼,大师,还要有大爱。全校的教职员工应把学生看作他们自己的子女。

马力(2013年优秀毕业生)

敬爱的杨校长：

首先,学生马力祝您中秋节阖家欢乐!

2013年9月赴英国牛津大学前夕,与您在上海美术馆顶层的晚餐一别,已快有一年。一直以来学生都谨记您的教诲,认真做人、做事。

值此中秋佳节,学生也向您汇报一下自己今年以来在牛津大学金融经济系的求学经历,和取得的一些小小的成绩。

任系学生代表

我在牛津就读的金融经济系共有83人,来自28个国家和地区,其中来自大陆院校的仅有7人,清华、北大、复旦、南开共6人,还有一个就是来自宁波诺丁汉大学的我。虽然宁波诺丁汉大学在众多国内外名校中名气并不大,但我通过自己的竞选演讲,成功当选为所在系的学生代表,一直在为整个集体的各个方面做贡献,表达学生声音,起到了学生与教授之间沟通的桥梁作用,也锻炼了自己的能力。

我在毕业前被授予了两项 Oxford BNY Mellon Achievement Award,是我们系唯一一名同时获得这两个奖项的学生。

在 Exeter College 演讲

在牛津的每个学期结束前,我们系都有一次期末晚宴(end of term dinner),并在各个有名的学院举办正式晚宴(formal dinner),有一名学生代表整个系演讲。作为一名中国学生,我勇敢地报名并接受了这个挑战。我谈了在牛津体会到的人文精神,受到了老师和同学们的好评,说我代表同学们讲出了心声。

学习、生活与活动

在牛津的时间里,我没有把自己仅仅局限于学习中,而是秉承宁波诺丁汉大学所培养出来的活动能力,积极地体会牛津的各项传统、学院的活动。

毕业与奖励

研究生课程结束前,我被授予了院长推荐奖(Dean's Commendation Award),这是表彰学生学术能力、活动能力和对集体贡献等各个方面的综合表现。我想,这样好的结果也是因宁波诺丁汉大学给我打下的基础带来的吧!

我正在伦敦的一家投资银行实习,打算继续在伦敦发展一段时间。

有任何可以帮助到宁波诺丁汉大学以及学弟学妹发展的地方,请您不吝告知。学生定当全力以赴支持。

祝好!

您的学生 马力

2014年9月6日

笔者在2014年6月,在英国诺丁汉时,去了牛津看望老友——牛津大学校长安德鲁·汉密尔顿教授。他的同事说，牛津开始认识宁波诺丁汉了，你们的学生与其他中国学生相比，更有合作精神，更乐意把自己知道的告诉其他同学。这与宁波诺丁汉大学的课程与注意培养学生团队合作精神的理念有关。

■ 附五：一位即将毕业的学生的来信

杨校长：

您好！

我是宁波诺丁汉大学的大四学生，我叫吕如能。

很高兴在岁末之交的时候能和您见上一面，当面向您表达感谢和我对您的敬意。

首先想要感谢您的是建立这所学校，虽然是六万的学费，但还是觉得物超所值，因为能力、气质、眼界和学识是无论多少钱都买不来的，而宁诺，就我个人感受而言，给予我了这一切。

说实话，我读高中的时候根本就没有选择过宁诺，因为高考的失利，分数不得不让我选择这所学校，所以我并没有对这所学校抱有多大的憧憬和向往，只不过是想去体验一下国外教育的独特之处。可是来到宁诺之后，宁诺却给了我一个接一个的巨大惊喜，让我感受到或许这一切就是老天的安排让我一定要来宁诺,只有这样才会有很好的发展!

惊喜一:几乎所有的中国学校都秉承着以学生发展为主的育人理念,可是又有多少学校是真正做到这一点的?和初高中同学闲聊中,我不难看出别的学校老师在学生活动中的主导地位;自己也去过汕头大学进行为期15天的交换学习,那边的同学经常说的一句话就是:"我去问问我们老师该怎么办,看看他同不同意。"而在宁诺,同学的决定是占明显的主导地位,老师常说的一句话是:"这些事儿都是学生决定的,我们的水平又不一定比他们好,他们有什么需要,我们支持,帮助解决问题。"这不是一句虚言,学校所有的大型学生活动都是对这句话最好的证明:圣诞疯狂秀彩排,老师们在现场,我问老师有啥意见,他们说,我们又看不出什么意见,就是过来看看有什么需要帮忙。《交换季》微电影项目,由我负责,老师没有否定学生的一切决定,从最初建组到最终放映,一切都是学生在操刀,老师尽力满足学生提出的一切合理要求,解决学生没办法解决的问题。通过这两项学校十分重要的大型活动可以说明,宁诺的老师在学生活动中所扮演的角色,不是主导而是支持,不是指导而是帮助。老师们为学生提供了一个平台,接着就看学生自己如何去打造、去创造,发挥一切可能的方法,去创造出属于自己的一些东西,从不被动。不是老师需要什么,而是我要做什么,这或许便是宁诺学生自信的来源。完全由学生主导的活动模式,不仅让学校的活动更加丰富多彩,而且在很大程度上提升了学生的能力,忙碌但快乐。

惊喜二:国际化视野。"胸怀祖国,放眼世界",从小学到高中,这句话一直被贴在学校门口的大墙上,而我直到宁诺才真正领悟到了这句话的真谛。大二的暑假参加支教项目,到了巴厘岛,顺便走了一趟泰国和马来西亚,在宁诺结交到的外国朋友热情地招待了我们,让我们好好感受了一番当地的文化习俗。大三的交换对于 IC 的学生来说可谓是一场人生的盛宴,一年英国的生活让人感受颇多,闲暇时光,约上好友走一趟欧洲,经济快捷,让人无时无刻不感受到交换带给我们的神奇魅力。这几年,我总共走访了世界 13 个国家,说不清楚有多少个城市,感受了太多不同的文化。通过旅游,比较不同国家之间的种种,我们发现了中国的优势,但同时也看到了中国的不足,变得更爱祖国,更加理解国家的种种政策,自己也在思考和努力,总想把国外优秀的东西引进来,为祖国建设出力,也为自己谋些生计。无论是海外志愿者还是交换经历都让我们对这个世界有了更加清晰的认识和态度,考虑问题不再那么局限,感觉真正可以胸怀祖国,放眼世界。

惊喜三:学术至上,严谨治学。以前的我一直不明白中国的教育和英国的教育到底有什么不同,在英国的教育体制下读了3年,我真正感受到了其中的区别所在。培养一种学习习惯,或许就是英国教育和中国教育最大的区别。中国老师告诉你要学什么,把所有的知识都传授给你,考试考什么?考试就考老师上课讲过的,不需要变通,不需要多学,考试题目绝对不会超纲,把所有内容记好,会灵活运用也就是了。而英国教育则不是这样,老师在课堂更大的作用便是引起学生的兴趣,比如关于纪录片领域的内容,有不同的章节、你对哪些章节、哪种纪录片的模式更加感兴趣,在接下来的论文中你就可以去研究,去看更多的书籍,所以英国的考试考什么?考写论文,但是考的不是上课的东西你记下来多少,而是你自己去看了多少书,又是如何对你自己看的理论进行辩证思考,得出你自己坚持的观点和知识;老师评卷的依据不是你对上课的内容了解了多少,也不是你的观点的正确性,而是看你自己去主动了解了多少内容,自己对你自己所看的内容进行了多少辩证思考,论据是不是能强有力地说明你的观点。发表想发表的观点,没有对错,就是学术自由最好的体现。

其实,以上的这些道理说到底都是宁诺的办学初衷,一方面可以证明10年的宁诺始终没有忘记初衷;另一个方面,作为学生的我,真正体会到了这些。其实很多道理大家都知道,但关键就在于体会到了多少,体会到了,你就赢了。

说实在话,就我个人而言,我最需要感谢的还是杨校长您。[省略]

宁波诺丁汉大学大四学生吕如能
2015 年 1 月 13 日

以下是我拍摄的电影作品和 MV,一共 3 部,您可以打开链接进行观看。[省略]

■ 后记:学校要营造培育一流学生的氛围

在读了宁波诺丁汉学生的很多来信后,不禁想起在 2012 年 11 月,美国耶鲁大学干细胞研究所所长林海帆教授前来该校作"干细胞研究最新进展"的演讲,听众中 500 多位学生,都是非生物、非数理化专业的,但却提问题不断!演讲者大为惊讶,说在中国的大学中首次遇到。2013 年 10 月,一位英国经济学家来作演讲,40 分钟演讲后的提问也是 40 分钟,因为时间关系,主持人只好刹车。两场报告有一共同点:都有一位同学当众指出,报告中有错误。在前一个报告中,有一张列表上把台湾与其他国家并列;而后一报告则把香港与其他国家并列。报告人都承认了错误。

复旦大学的校训是"博学而笃志,切问而近思"。李政道教授特别欣赏两句话中的第二个字:"学"和"问"。学问是学习问问题,没有问题,就没有创造性。

在本书第五章的《质疑,培育杰出人才的关键》一文中提到前哈佛大学校长劳伦斯·H·萨默斯说的话:"一个新生可以对校长说:'你错了',这就是哈佛的文化:思想胜于权威。如果一个大学拥有这样的文化,那她就有可能成为世界一流大学。"

为什么进入宁波诺丁汉大学的学生会有如此的感受呢?

除了教师的高度责任感外,恐怕和教学的内容与方法有很大的关系。

温家宝总理在2008年3月5日的政府工作报告中提到:"全面实施素质教育,推进教育改革创新。深化教学内容和方式、考试和招生制度、质量评价制度等改革。切实减轻中小学生课业负担。"

写到这里,使我想起已故复旦大学校长谢希德院士讲过的一句话:"我们的研究生怎么比小学生空闲得多?!"也想起笔者在2006年11月20日向温家宝总理汇报工作时讲到"进宁波诺丁汉大学的学生在第一年都是15人一个班级"时,温总理接过话茬,说:"高校班级人数是要少一点。""导师和学生要经常见面,才能真正发挥指导作用。但现在有的学生读几年书,和教授都说不上几句话。"①

温总理在讲话中提到了李政道教授的经验。李政道教授在讲述他的博士导师、诺贝尔奖得主费米怎样手把手指导他的故事后说："培养创新的科学人才，必须要有好的导师和密切的师生共同研究的过程。这是省不了的，不能用网络、程序代替的。人是人，还是需要学徒、老师这个关系，需要一年、两年、较长期精神上的培养，这样培养的人才，可以一生独立思考。"②

杨振宁教授的研究生 Sutherland 讲了他的故事："我是他在纽约州立大学石溪分校(State University of New York at Stony Brook)的第一个研究生(当时杨振宁是该校理论物理研究所所长)。1966年开始做论文，3年内一直和他在一起。他似乎有无限的时间花在我身上。有很多天我一早赶到学校，看他能否抽几分钟和我一起讨论一些观点。我被邀请到后面的办公室，这是一个令人愉快、诱人工作的地方。我们开始讨论，很快各自进入工作状态。……他有时停下来接听电话，有时去会客人，那时我就看材料。他一回来，我们就继续讨论，研究和比较结果，一直坚持到傍晚，我已筋疲力尽了。我就这样日复一日，从来没有如此工作，也从来没有如

---

① 见《人民日报》第二版，2006年11月28日。
② 李政道，《物理的挑战》，中国经济出版社，2002年。

此感到愉快。办公室的气氛非常温馨、安静,连空气也充满着智力的亢奋。很多出色的工作得益于那种讨论的氛围,而且,说真的,那种气氛一直到现在仍是出成果的源泉。"[1]

关于一流大学的定理中,有一条是:"大学有没有优秀学生,以及他们能否在一流的教授激情地指导下,在人文、科学技术的前沿探索方面,或在为社会服务方面,以极大的兴趣与好奇心,夜以继日地努力奋斗,是大学能否成为世界一流大学的必要的条件。"

什么时候能在中国的一些大学里出现前面那个故事里所描述的气氛,让研究生体会一下、经历一下(也可以说是享受一下)这样繁忙的生活,那么,这些大学离一流水平就不很远了!

---

[1] 杨振宁,《曙光集》,三联书店,2008年。

中国博雅教育研讨会综述*

2014年4月18—20日,由北京大学、复旦大学、宁波诺丁汉大学共同发起的"中国博雅教育研讨会"在宁波诺丁汉大学召开。这是中国第一次以"博雅教育"为名称与主题召开的会议,受到了教育部领导的高度重视和国内一流研究型大学的积极响应。对探索中国未来本科教育改革发展方向,回答好"培养什么人,如何培养人"这个根本问题,具有重要意义。

会议开幕式由宁波诺丁汉大学校长杨福家院士主持,教育部高等教育司司长张大良出席会议开幕式并代表袁贵仁部长致辞。北京大学校长王恩哥院士作了题为《博雅教育——世界一流大学的使命担当》的报告、复旦大学副校长陆昉教授作了题为《通识教育:复旦人的探索与实践》的报告,南京大学副校长谈哲敏教授作了题为《南京大学:通识教育课程体系建设》的报告、西安

---

* 本文由北京大学张存群执笔,纳入本书时略加修改。

第九章 宁波诺丁汉大学:高质量教育培养高素质国际化人才

2014年4月在宁波召开的中国博雅教育研讨会

交通大学宫辉副书记作了题为《师生共处,知行兼修——西安交通大学本科生书院建设探索》的报告、汕头大学副校长李丹教授作了题为《博雅教育在住宿学院——汕头大学的尝试》的报告、英国诺丁汉大学马来西亚校区克丽斯汀·恩纽校长(Christine Ennew)作了题为《全球公民与博雅教育课程》的报告,中山大学代表也参加了研讨会,会议特邀嘉宾有中国台湾清华大学冯达旋资深副校长,他作了题为《心灵的思维:博雅教育的目标》的报告,美国耶鲁大学马佐平院士作了题为《耶鲁的住宿学院制度》的报告,新加坡南洋理工大学潘国驹教授作了题为《新加坡的高等教育及博雅教育》的报告。会议还邀请了国内专家、学者共50余人出席,14人作主旨演讲和专题报告。

参会的大学自20世纪末或21世纪初,已在陆续开展不同形式和不同程度的博雅教育实践,积累了不少经验,也面临着问题与挑战。

教育部高教司司长张大良代表袁贵仁部长参会,在致辞中对会议提出殷切希望,希望形成全面渗透中国文化元素的博雅教育改革探索的群体效应,为统筹推进本科教育综合改革、整体提升本科教育水平积累经验、做出示范。

杨福家校长为迎接大会的召开,结合数十年从事中外高等教育管理的经验,撰写了《博雅教育》一书。作为博雅教育的倡导者和会议的发起人之一,他总结了博雅教育具有5个要素:第一是博,博学多问,要文理相通,现在"通识教育"的提法,指的就是博雅教育中所说的文理相通这一点;第二是雅,做人第一,修业第二;第三是学校以学生为中心,教师以教书育人为本;第四是以小班课为主的第一课堂,鼓励学生提问,培养质疑精神,实践"我爱我师,我更爱真理";第五是鼓励学生积极参加丰富的第二课堂,包括学生社团,社会实践,以及参加科学研究项目。

王恩哥校长做了主旨演讲,深入阐述了什么是博雅教育,为什么需要博雅教育,以及博雅教育何以是世界一流大学的使命担当。他指出,一个一流的国家必定要有与其国力、气质相匹配的一流大学。北京大学作为创建世界一流大学的"985"高校,国家对其人才培养目标的要求不仅仅是向学生传授专业知识与技能,而是以培养具有健全人格与具有高尚的精神品格的人才作为其首要使命。

台湾清华大学资深副校长冯达旋,结合自己本科阶段在美国一所小型博雅学院的学习经历,谈了对博雅教育的理解。他指出,博雅教育的核心要义是对心智能力和心智习惯的培养,这种教育可以使人受益终身。

诺丁汉大学马来西亚校区执行校长克丽斯汀·恩纽从全球化角度谈了博雅教育的意义和实现形式。她指出,在全球化时代,博雅教育对于培养全球公民至关重要。

在具体实践博雅教育的过程中,参会学校结合自身特点,开展了本科课程改革和书院制模式的尝试和探索。他们和与会代表分享了经验,也提出了面临的难题。

复旦大学副校长陆昉在大会上指出,复旦大学本科人才培养目标的"十六字方针"是:人文情怀、科学精神、专业素养和国际视野。同时,他从核心课程建设和书院制改革两个方面报告了复旦大学通识教育的探索与实践。

南京大学副校长谈哲敏介绍了该校本科教育的"三三制"改革,即把本科教育分为大类培养、专业培养和多元培养3个阶段,在多元培养阶段,将学生分为专业学术类、交叉符合类及就业创业类3种类型。

西安交通大学党委副书记宫辉介绍了该校在书院制建设方面取得的新进展。据他介绍,该校的书院制始于2005年,目前已建成8所书院。和国外的一些高校一样,该校将不同专业的学生分配到同一书院中,以促进不同学科专业学生之间的交流和对话。

耶鲁大学马佐平教授根据自己多年在书院的经验,详细介绍了耶鲁大学住宿学院制度。汕头大学副校长李丹就住宿学院建设谈了汕头大学在博雅教育方面的改革探索,他指出住宿制学院中学生之间非正式、非约定的交流能够很好地培养学生的质疑精神,发展学生的潜能,该校也准备在将来新建8所住宿学院。

北大教务部副部长强世功教授重点介绍了北大核心课程建设的过程,从经典核心文本的选择,到寻找适合且能胜任讲课的老师,再到教学的组织环节和考核形式都做了精心细致的设计和努力。他深感目前核心课程建设遇到的最大困难是缺乏合适的师资。

北京大学元培学院党委书记孙华介绍了元培学院的改革与探索,重点介绍了元培学院在课程建设、专业选择、跨学科专业设置和毕业生发展方面取得的成就。

北京大学化学学院教授裴坚从自身教学实践出发,介绍了化学学院在小班课教学方面的探索与实践,他认为小班教学虽然要求投入更多的师资,但对于提高学生的探索性学习能力帮助很大。复旦大学教务处副处长王颖介绍了该校在通识教育教学方法改革方面的探索,如让资深教师辅导年轻教师提高教学质量、定期举行通识课程教学研讨会、建设I-MOOC平台,等等。

研讨会凝聚了共识,增强了信心。通过这次会议,大家充分认识到博雅教育的理念和形式是高校立德树人任务的有效载体,博雅教育应该成为所有大学本科教育的要素之一;学校应坚持以学生为本,育人第一,质量第一,要建立机制,鼓励教师全心全意育人,提升课程的质量，培养学生质疑的精神，鼓励创新。

第一届"中国博雅教育研讨会"的成功召开，已经引起了教育界人士的广泛关注，下一届的"中国博雅教育研讨会"也将进入筹备阶段。以研讨会的定期举办为契机，通过卓有成效的研讨和交流，使更多的中国高校找到适合本校特点的人才培养模式，一同践行博雅教育，为早日实现"教育梦"、"中国梦"而努力奋斗。

附:博雅教育与东方文化(潘国驹[①])

今年春季,我受邀参加北京大学、复旦大学和宁波诺丁汉大学共同发起的、在宁波诺丁汉大学举行的"中国博雅教育研讨会"。这次中外 10 余所世界一流学府的校长、管理者聚首于宁波,大家的讲演和报告让我深受启发。我也在会议上分享了一个主旨演讲,介绍了"新加坡的高等教育及博雅教育"。

在我的主旨演讲中,主要介绍了新加坡的博雅教育和高等教育的情况。作为一个资源缺乏的小国,新加坡依靠着精准定位来支撑着整个国家的高素质的生活水平。在此方面,新加坡和瑞士相似,两个国家都一直保持在世界知识产权机构和康奈尔大学联合推出的全球创新指数排名的前 10 位。世界经济论坛把新加坡列为继瑞士之后的世界最具经济竞争力的国家。

目前新加坡国立大学和南洋理工大学在世界的排名都不错,新加坡中学教育在 PISA(Program for International Student Assessment)考评中也名列前茅,但我们不能满足现有的成绩,还需进一步加强人文素质培养,全面发展。

2013 年,新加坡国立大学与美国耶鲁大学合作的

[①] 潘教授任新加坡南洋理工大学高等研究所所长。

"耶鲁-新加坡国立大学学院"正式开课，重点推广博雅教育。该校首期150名学生将开始一个结合东西方内容的文科课程。这是耶鲁大学300年历史上首次在其本土以外与其他教育机构合办大学。博雅教育是西方发明的教育概念，把这种理念引进到新加坡，意义重大。不过，在多元文化并存、以华人人口为主的新加坡，不能生搬硬套西方教育思想。我希望，新加坡的博雅教育应该重视东方文化，开设《易经》、儒家（孔子）、道家（老子）、"孙子兵法"课程。东方文化博大精深，值得我们汲取养分的还有很多。此外，新加坡的印度人占了一定比例，近日由新加坡、印度、日本等国的国际财团集资兴建，印度古老的那烂陀大学开始复课。前外交部长杨荣文是这个项目的主要推手，他和德高望重的王赓武教授都是那烂陀大学校务管理会成员。古印度那烂陀寺规模宏大，曾有多达900万卷的藏书，历代学者辈出，最盛时有上万僧人学者聚集于此，每天有100多个讲坛，除了讲授大乘佛典外，还开设天文学、哲学、文学、数学、逻辑学和医学等课程，原本就是一座综合性的学府。玄奘西行时曾在此学习5年。从那烂陀大学恢复开学，**可以证明古代佛教文化的魅力无穷**。博雅教育在新加坡，必须立足**本土文化的现实**，发扬传播中国、印度，甚至伊斯兰文化。

今春在宁波，与会学者们普遍认为博雅教育的教育理念是毋庸置疑的,可是现阶段在亚洲要大力推行博雅教育还是非常有挑战性的。

李嘉诚支持的汕头大学在博雅教育方面取得一定成效。他们尝试开办住宿学院——至诚书院。汕头大学的至诚书院有自己的文化,名称来自于中庸一句话两个字:**"唯天下至诚,为能尽其性"**。经过5年多的探索,总结起来书院建设有3个方面的特点:(1)矩阵式团队组建的模型。(2)一系列拓展课程教育,有5个方面:团队的拓展,学科拓展,体能拓展,职业拓展,心理拓展。(3)自我管理的系统。汕头大学副校长李丹认为:**"教育不是轰轰烈烈的革命,也不是方方正正的制度,而是细水长流的滋润**。我觉得革命和制度不能很好地形容教育,教育更多的是细水长流的滋润,所以在汕头大学的住宿学院里面,我更注重的是非正式的、非约定性的交流,而不是一定要大家在教室里上课才是教育。"这些观念值得我们借鉴。

新加坡国立大学和新加坡南洋理工大学未来几年的其中一个重要的发展方向就是要大力加强人文与社会科学学科的发展。由此可见新加坡政府已经开始注重博雅教育的培养。我们希望在新加坡的下一代中,能够培养出越来越多的博览古今、热爱艺术的科学家,热爱音乐、钟情考古的律师,和有人文情怀、懂得关爱并回馈社会的实业家。

新加坡身处中西文化交汇之地,有着自己独特的优势,如何让我们的学生在吸收西方文化之长的同时,找回东方文化的精华与自信,是我们应该思考的一个课题。我们很高兴告诉大家,继宁波成功举办首届"中国博雅教育研讨会"之后,正在探讨第二届"中国博雅教育研讨会"于2015年在新加坡举行的可行性。届时,来自耶鲁、北大、复旦、西安交大、汕头大学等名校的校长及主管将汇聚狮城,推动全球及新加坡的博雅教育,让我们拭目以待。

第十章
行行出状元

社会需要各方面的人才,教育的结构一定是多样化的。"教育均衡发展,行行出状元。"

博雅教育应该随学校不同而必须有不同的侧重。

党中央对加快发展现代职业教育高度重视(见本节附件,《中共中央关于全面深化改革若干重大问题的决定》(2013年11月12日)第42条)。

国务院于2014年5月2日发布第19号文件(《关于加快发展现代职业教育的决定》,共28条),习近平总书记在2014年6月对此做出重要指示:加快发展职业教育,让每个人都有人生出彩机会。在本章最后,摘录了这一讲话的相关内容,以供读者学习领会和认真实践。

博雅教育

教育均衡发展与行行出状元*

经常为人称赞的美国高等教育,面临当前的经济危机,正在转型,希望教育结构从不均衡转到均衡。

在 2013 年 4 月,《华尔街日报》发表文章,题为"文凭的贬值"、副标题为"学士文凭可能已价不符值,但社区学院(以培养技能为主)能带来很强的回报"。[The Diploma's Vanishing Value Bachelor's degrees may not be worth it, but community college can bring a strong return. (Jeffrey J. Selingo, *Wall Street Journal*, April 27, 2013.)]

在经济衰退之中,美国大学生的失业率近几年居高不下,根据美国劳工部统计,获得学士以上学位、年龄在 29 岁以下的大学生的失业率高达 14%,可说创造了历史记录。大学费用越来越高,但却有近半数的大学毕业生

---

* 本文原载于《国是咨询》,该期封面提示文章,2013 年 9 月 22 日;部分发表于《文汇报》,2013 年 6 月 11 日。选入本书时做了一些修改。

处于失业或低就业状态；与此同时，劳动力市场上三分之二的工作不需要大学教育。

《纽约时报》在 2013 年 6 月 22 日也发表类似文章，题为"美国人受教育越多，越难养家糊口"[①]。文章回忆 18 世纪的情况：因新技术出现而使熟练工人遇到了麻烦，今天的新技术层出不穷，教育跟不上，同样的问题也已显示。

相比之下，德国经济虽然受世界经济的影响而危机重重，但失业率仅为 5.4%，在发达国家中处于第二低，其制造业始终保持世界领先。其中的原因是教育结构均衡。

我国的教育结构与德国相似，但实际做法却向美国靠拢，其对经济发展的不匹配已日益明显。这与在明朝就提出的"行行出状元"相差甚远。

我国在中学就分普通中学与职业教育学校，这是社会发展的需要，而不是把学生分为优劣。笔者 60 年前初中毕业时，职业教育学校与普通中学具有同样的吸引力，只是偶然的因素使笔者放弃了已报名的、非常难进的高等机械职业学校（中专），而考了普通高中。但今天，只有所谓的"差生"才会去报考职业学校。一些持这

---

① 作者保罗·克鲁格曼（Paul R. Krugman），2008 年诺贝尔经济学奖获得者。

样观点的人完全忘记了先辈提出的"三百六十行,行行出状元"!

不仅中学如此,高等教育也是如此。似乎只有大学是高级的,学院低一等,高职学校再低一等。以致"从2008年3月至今,全国共有257所高校获得教育部批准而更名,占到目前全国高校总数的10.35%"①。这种做法在国际教育界十分罕见:不论是法国巴黎高等师范学校(Ecole Normale Superieure-Paris,简称巴黎高师),还是麻省理工学院、加州理工学院,都是世界顶尖高等学府,从来不会改名,这是源于他们的自信和对历史的珍惜。以创办于1794年的巴黎高师为例,又是"师范",又是"学校",单从名字上来看,是我国很多人心目中的二、三流学校,但是,法国是获取数学最高奖(菲尔兹奖)的第二大国,而其中一半以上是被该校领取的,该校校友中获诺贝尔奖的已超过10人,2012年诺贝尔物理奖又有一名落在该校。

我们的中学生,在参加"一考定终生"的高考后,就被分为"一本、二本、三本";根据考分进不同的高校。(可以想象,作为三本生的学生及其家长是何感觉?!)其实,"一本,二本,三本"只能说明学生考试成绩的差异。学生的最重要的差异是头脑中的火种不同,潜能不同。

---

① 见《北京日报》,2013年5月29日。

第十章　行行出状元

每一个人都有自己的专长（人无全才，人人有才），每一个人都会有所作为，有所贡献。在教师、家长帮助下，发现自己——发现自己的潜能——既是学生自己的责任，也是教师与家长的责任！教育应该给学生创造发现自己的机会。巴黎高师的校长有句名言：学校的责任是发挥学生的天才[1]。

不同的学生有不同的"才"，对社会的贡献也不同，可是我们现在把它混淆了。例如，在医院里，非要有博士学位不可，连护士都要发表论文，要通过外语考试。作为病人，对医生的第一要求是要有医德，会看病。耶鲁医学院有位年轻的医生，他多年来没有发表一篇文章（"我哪有时间写文章?!"），没有博士头衔（"对我没必要。"），更不是教授，但他的开刀本领是全美有名，深受病人欢迎。他的工资远高于教授。这就是"行行出状元"！教授与医生是不同的，医生不一定非要当上教授才算水平高。

最近上海市普通大学的毕业生难找工作，而职业学校的毕业生却供不应求[2]。市场开始在纠偏了！

但真正的纠偏必须从教育界的领导、教师、家长与学生开始，进而辐射到全社会（特别是人事部门），要从

---

[1] 加伯利埃尔·于杰（Gabriel Ruget），2002年9月7日于北京。
[2] 2013年6月5日广播新闻。

思想上认识"三百六十行,行行出状元"的真理,认识"人无全才,人人有才"。只有如此,各类不同的人才能发挥他们的独特作用,中国梦才能实现。

笔者记得在1997年参加全美高校领导会议时,哈佛的一位领导在发言中说:"如果各校都是哈佛,社会要崩溃;如果我们培养出的学生都拿诺贝尔奖,社会也要崩溃!"

除了思想上的认识,还需要有政策的支持。国家对师范生采取过的政策可以用于以学技术为主的学生,从国家层面给予奖学金、学费补贴或者减免,鼓励学生进入各类职业学校;同时,加大对中等职业技术学校及高等职业技术学校师资队伍建设的投入力度,使专任教师的水平与数量能满足教育结构均衡发展的需要;稳步增加国家级重点中等职业学校、国家级重点建设示范高职院校的数量,加大投入,推进中高职衔接,从政策上对有特色、有质量的学校倾斜。社会的发展要达到合理的教育结构均衡,需要至少半数以上的学生逐步进入各种职业学校,安心学习,快乐学习,在学有所成后,回报社会,回报国家。

对于当今新技术层出不穷的挑战我们更要认真对待。我国的高等教育改革正在向广、深发展。各种试点都在各地进行。中国梦首先是中国教育梦。我们教育工作者任重而道远。

中外职业教育观之差异[*]

几个真实的故事

1. 四十多年前在丹麦

四十多年前我在丹麦玻尔研究所工作。第一次准备通宵在加速器上做实验前,很担心常用仪器出故障,自己又修不好。这样,不但实验做不成,反而会浪费加速器的时间。没想到,当仪器工程师知道我晚上要用仪器后,下班前就为我准备了 5 台,以防万一。

9 个月后,当我有了研究结果准备去国际会议作报告前一周,一位技师主动到我办公室说:"我知道你要去作报告,你要用的幻灯片我已做好了,你看要不要修改?"听了这话我很感动。正是因为有了这些工程师、技师出色的工作,我才能集中时间搞研究、准备学术报告。

这些从高等职业学校毕业的技师或工程师不参加我们的实验,更不会要求在我们发表的论文上署名。他

---

[*] 《求是》2009 年 5 月 1 日(总第 502 期);《国是咨询》封面提示文章。

们没有博士学位,一般不会做教授,但是,他们是实验室里不可缺少的人群。他们的工资待遇不一定比教授低,地位却更稳。不同的人站不同的岗,各擅其长,相得益彰。

2. 三年多前在美国

我的一位亲戚的女儿在美国的一所高中毕业。她的SAT成绩为2 200分,有可能进哈佛等一流大学。(SAT即"学术评估考试",由民间团体组织,每年考7次,是进美国高校的敲门砖,含数学、阅读和作文3科,满分2 400分。中学生不论哪一年级都可以去考,也不管你考几次,最后可以用最好的成绩去申请进大学。)但是她选择了美国烹饪学院,并得到了她母亲的大力支持。美国烹饪学院的录取率为10%,与哈佛大学(9.3%)相近。哈佛大学世界有名,美国烹饪学院也是世界有名:全世界共有71位烹饪艺术家,其中7位毕业于美国烹饪学院。该学院有句名言:我们讨论美餐,世界会聆听。

在美国,类似的高等职业学校还有纽约服装学院,她培养了不少世界有名的服装设计师。这些服装设计师在社会上的地位、在人们心目中的声望以及他们的个人收入都不低于诺贝尔奖得主。

美国学生很少有名校情结,他们大都按自己的兴趣和爱好去选择学校,家长也会顺其自然。他们对职业教育的观念与我国目前的情况很不相同。在我国恐怕很难想象,家长们会同意他们的子女能进北大、清华或复旦而不进,却选读高等职业学校。世界上很多名校一再告诫学生:适合你的学校,对你来说,才是最好的学校。在每个学生的头脑中都有火种,但各人的火种不尽相同。家长、老师应当努力帮助学生找到个性化的火种,把他们脑海中的火种点燃,而不是扑灭。

3. 一年多前在英国、半年前在美国

一年多前,一位技工来到我们的英国住所修热水器。他告诉我:他5岁进小学,11岁进中学,在16岁中学分流时与班上多数人进了职业学校,另外少部分同学再读两年后进入高等院校。他现在住的房子与很多大学教授的房子差不多。

半年多前,我在美国遇到修空调的技工。高中毕业时,这位技工除了拿到正规的高中文凭外,还拿到了两张执照,其中一张就是修空调的。他现在在一家大公司工作,收入丰厚,足以负担一家4口的生活,而且工作稳定,根本不担心失业。他的妻子虽有硕士学位,但现在失业在家。

上面提到的两位技工都深感自己的工作是社会非常需要的,体现了他们的人生价值。在与之交谈中,可以明显地感觉到他们都十分珍惜和热爱自己现有的工作。他们都持有修理执照。这说明,建立职业资格证书制度十分重要。一方面是对人民负责,保证有资格的人为他们服务;另一方面,提高了持证者的社会地位。

三百六十行,行行出状元

中国人自古就懂得"三百六十行,行行出状元"。这是因为世界是丰富多彩的,社会需求必然是各种各样的,年轻人的梦想同样应该是五彩缤纷的。记得在1997年召开的全美大学校长会议上,有人说如果美国的大学都是哈佛,那么,美国的社会要崩溃;如果培养的人才都是诺贝尔奖得主,那么,美国社会也会崩溃。

在当今中国,很多学生和家长心目中只有北大、清华或复旦、交大,大都把博士学位当作追求目标。今天,我国博士学位授予单位的数量(310个)已超过美国(253个),成为世界上最大的博士学位授予国家。2007年毕业的博士生数量也超过了美国。然而,我国高职院校的数量(1 168所)却远少于美国(超过2 000所)。

在任何发达国家,高等职业院校都是高等院校的主体。美国有近4 000所高等院校,大部分学校是培养应用型人才的。其中40%多是两年制社区学院,两年后一部分毕业生可转到本科院校,学分照算;大部分毕业生以他们学以致用的知识和技能直接走上工作岗位。20%是专科类型,两者相加超过美国大学总数的60%。只有18%可授予学士学位,15%可授予硕士学位,6%可授予博士学位，其中能授予博士学位的大学的一半（3%）才是所谓的研究型大学。2006年，全瑞士有23 200名学生进入普通高中学习，有78 100名学生进入职业学校学习。职业中学的学生毕业后，大约80%—85%就业，15%—20%进入高等职业学院或应用科技大学深造。

高等院校的结构必须有利于社会的发展。社会需要大量的应用型人才，因此从小学开始就不应该把重点放在学习课本知识、应付各种考试上，而应鼓励学生多动手，敢于挑战权威，善于提问，学会与人相处，做好公民。这是国际上已有的教育强国的成功经验。

中央已经注意到我国高等教育的结构问题。在2005年11月召开的全国职业教育工作会议上，温家宝总理强调："职业教育具有鲜明的职业性、社会性、人民性"，"是面向人人的教育"。要"进一步增强紧迫感和使命感，采取有力的措施，切实加强职业教育工作，加快职业教育事业发展"。这次会议还明确了五年目标：中职招生与高中相当；高职招生逾高教一半。在今年的政府工作报告中，温家宝同志再次强调要"大力发展职业教育"，并要"逐步实行中等职业教育免费"。

转变观念，落实政策

中央的政策已经十分明确，教育部在落实中央精神

博雅教育

方面也做了大量工作，这些努力使得近几年来职业院校学生的数量有较大幅度的增长，2008年全国中职与高职在校生数超过3 000万人，已分别占据高中阶段教育和高等教育的"半壁江山"。但是人们的观念仍未跟上，而转变观念的关键之一又是配套政策的落实。请再看几个真实的故事。

上海某大医院从国外引进一台高级医疗设备，比起其他城市引进的同类设备，使用效率要高得多，这是因为它有一位水平很高的操作技师，但是他没有博士学位。陪我参观的一位人事干部告诉我，这样的技师的工资是上不去的。结果他只好离职去读博士。得到博士学位后，他也不会再回来了。

不久前，我去某医院看病，院方好意向我推荐一位有博士学位的医生。碰巧，这位医生的导师是我的朋友，当晚我就给我的朋友打了电话。不料，朋友告诉我，要搞研究，你可找他；要看病，千万别找他。朋友给我推荐了一位没有博士学位的医生。

《文汇报》2008年10月31日的头版曾登了如下消息：明明是大医院的外科主任，却从来不上手术台；拿了医学博士学位的外科医生，却拿不了手术刀。

在国外，一般来说，医生与博士是不同的：医生的主要任务是看病，医学院博士的主要任务是搞研究。医生的工资普遍高于博士。在医院里，医生、博士、护士都是重要的,但他们应各就各位,在不同的位置发挥各自的作用,不能把博士捧得最高,乃至造成"畸形"。

职业教育是"行行出状元"的基础,理应受到人们的尊重。可是目前我国的高考制度却把考生分为3个层次:第一层次的考生有可能进北大、清华、复旦等研究型大学;第二层次的进一般大学;第三层次的只能进高职院校。

我国高等职业院校毕业生可获得一张注有"高职"标识的大专文凭,但依此不能报考要求具有"本科及以上学历"的政府公务员,不能报考需要"教师资格证书"的中小学教师,甚至有的地方在"选调优秀大学毕业生到基层工作条件说明"里特别注明:"毕业生范围,不包括委培生、定向生、高职生等。"在这样的环境里,高等职业院校的学生就成为"学习失败者","学业不良",被同学看不起,遭亲朋冷遇。

我们必须转变"职业教育是低层次教育"的观念。社会是多样化的,人才的类型也应该是多样化的。职业教育在培养满足社会多样化需求的人才方面可以发挥巨大作用。职业教育更是终身教育的重要组成部分。职业教育的目标不应单纯针对岗位培训,而应扩大到从业者的整个职业生涯。从这一点上说,职业教育也是满足个人可持续发展的全面教育。

职业教育是整个教育大家族中的重要一员,是关于

"谋职与从业"的教育。当今社会生产中更需要技术能力强、知识丰富、交流能力突出的"多面手",这凸显了企业对职业教育人才的需求。由此看来,职业教育是我国当今应对国际金融危机、调整经济结构、使我国经济腾飞急需的教育。令人欣慰的是,随着中央的重视与市场对技术人员的高价聘请,职业教育的形势已开始好转,我国的职业教育一定会有一个美好的明天!

■ 附一:瓦特与亚当·斯密

英国的格拉斯哥大学(University of Glasgow,英国第3,世界第6)之所以伟大,是因为出了一位未受过系统教育、没有学位的英国工业革命先锋瓦特(James Watt,1736—1879),又出了一位经济学鼻祖亚当·斯密(Adam Smith,1723—1790),还出了一位理论与实际密切相结合的物理学家开尔文勋爵(Lord Kelvin,1824—1907;即威廉·汤姆森(William Thomson))!

第十章　行行出状元

在格拉斯哥市中心乔治广场的瓦特塑像前。塑像下面写道：James Watt (1736—1819)，苏格兰的发明家，机械工程师

博雅教育

在格拉斯哥大学亚当·斯密(Adam Smith, 1736—1819)的塑像旁

第十章　行行出状元

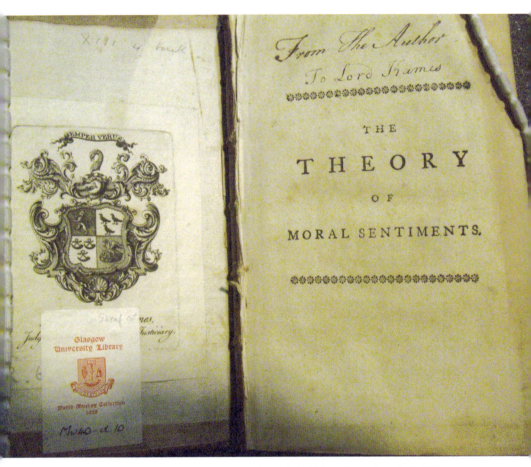

1759年亚当·斯密发表的第一部名作:《道德情操论》,照片是作者送给卡慕斯勋爵的原版书

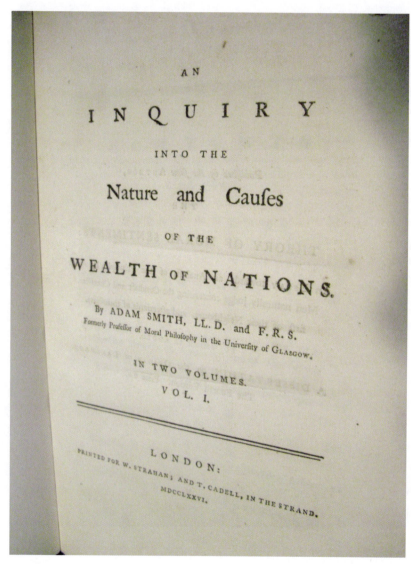

1776年亚当·斯密发表的传世之作:《国民财富的性质和原因的研究》(简称《国富论》)

第十章　行行出状元

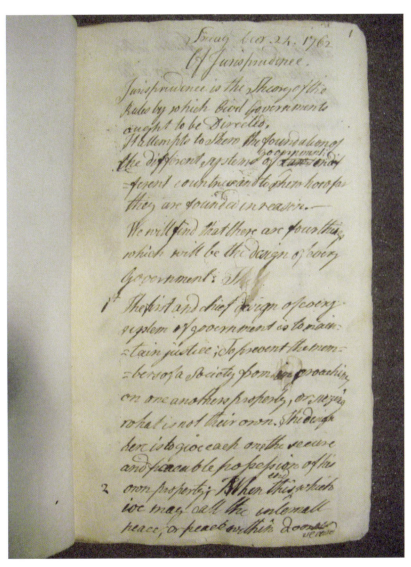

1762 年一位学生听课时的笔记，内容与 1776 年的发表稿相当符合

附二：中共中央关于全面深化改革若干重大问题的决定（节录）

（2013年11月12日中国共产党第十八届中央委员会第三次全体会议通过）

（42）深化教育领域综合改革。全面贯彻党的教育方针，坚持立德树人，加强社会主义核心价值体系教育，完善中华优秀传统文化教育，形成爱学习、爱劳动、爱祖国活动的有效形式和长效机制，增强学生社会责任感、创新精神、实践能力。强化体育课和课外锻炼，促进青少年身心健康、体魄强健。改进美育教学，提高学生审美和人文素养。大力促进教育公平，健全家庭经济困难学生资助体系，构建利用信息化手段扩大优质教育资源覆盖面的有效机制，逐步缩小区域、城乡、校际差距。统筹城乡义务教育资源均衡配置，实行公办学校标准化建设和校长教师交流轮岗，不设重点学校重点班，破解择校难题，标本兼治减轻学生课业负担。加快现代职业教育体系建设，深化产教融合、校企合作，培养高素质劳动者和技能型人才。创新高校人才培养机制，促进高校办出特色争创一流。推进学前教育、特殊教育、继续教育改革发展。

推进考试招生制度改革，探索招生和考试相对分离、学生考试多次选择、学校依法自主招生、专业机构组织实施、政府宏观管理、社会参与监督的运行机制，从根本上解决一考定终身的弊端。义务教育免试就近入学，试行学区制和九年一贯对口招生。推行初高中学业水平考试和综合素质评价。加快推进职业院校分类招考或注册入学。逐步推行普通高校基于统一高考和高中学业水平考试成绩的综合评价多元录取机制。探索全国统考减少科目、不分文理科、外语等科目社会化考试一年多考。试行普通高校、高职院校、成人高校之间学分转换，拓宽终身学习通道。

　　深入推进管办评分离，扩大省级政府教育统筹权和学校办学自主权，完善学校内部治理结构。强化国家教育督导，委托社会组织开展教育评估监测。健全政府补贴、政府购买服务、助学贷款、基金奖励、捐资激励等制度，鼓励社会力量兴办教育。

习近平:加快发展职业教育让每个人都有人生出彩机会*

全国职业教育工作会议23—24日在京召开,会议召开前,国务院印发了《关于加快发展现代职业教育的决定》。

中共中央总书记、国家主席、中央军委主席习近平就加快职业教育发展做出重要指示。他强调,职业教育是国民教育体系和人力资源开发的重要组成部分,是广大青年打开通往成功成才大门的重要途径,肩负着培养多样化人才、传承技术技能、促进就业创业的重要职责,必须高度重视、加快发展。

习近平指出,要树立正确人才观,培育和践行社会主义核心价值观,着力提高人才培养质量,弘扬劳动光荣、技能宝贵、创造伟大的时代风尚,营造人人皆可成才、人人尽展其才的良好环境,努力培养数以亿计的高素质劳动者和技术技能人才。要牢牢把握服务发展、促

---

* 来源:新华网,2014年6月23日。

进就业的办学方向,深化体制机制改革,创新各层次各类型职业教育模式,坚持产教融合、校企合作,坚持工学结合、知行合一,引导社会各界特别是行业企业积极支持职业教育,努力建设中国特色职业教育体系。要加大对农村地区、民族地区、贫困地区职业教育支持力度,努力让每个人都有人生出彩的机会。

习近平要求各级党委和政府要把加快发展现代职业教育摆在更加突出的位置,更好支持和帮助职业教育发展,为实现"两个一百年"奋斗目标和中华民族伟大复兴的中国梦提供坚实人才保障。

结束语
中国梦,首先是中国教育梦
China Dream: Primarily One about Education[①]

中国梦,首先是中国教育梦。在这个梦里,各类学校以培养合格公民为首任,为培养"三百六十行,行行出状元"而尽心尽力;在这个梦里,既有大楼,更有大师,还充满着大爱;在这个梦里,育人为先,学生为中心,师生互动,敢于争辩,"我爱我师,我更爱真理";在这个梦里,研究大楼夜夜灯火辉煌,年轻研究生在一流导师指导下日夜奋斗,探索未知;在这个梦里,没有浮躁与功利,学者们可能花几年甚至几十年时间为攻克世界难题,而默默无闻地艰苦拼搏;在这个梦里,毕业后的学生能深

[①] 翻译家陆谷孙译。

刻体会到"几年的学校生活改变了我的一生",他们脚踏实地,努力工作,回报社会。

大学是群英汇集的殿堂,来自世界各地的学子相聚在知识的宝库里,在大学精神弥漫的氛围中,自由探索,百花齐放,宽容厚爱,追求真理,付之实际,实现梦想。

图书在版编目(CIP)数据

博雅教育/杨福家等著.—3 版.—上海:复旦大学出版社,2015.10
ISBN 978-7-309-11806-3

Ⅰ.博… Ⅱ.杨… Ⅲ.高等教育-研究 Ⅳ.G640

中国版本图书馆 CIP 数据核字(2015)第 220160 号

博雅教育(第三版)
杨福家 等著
责任编辑/范仁梅
复旦大学出版社有限公司出版发行
上海市国权路 579 号 邮编:200433
网址:fupnet@ fudanpress.com http://www.fudanpress.com
门市零售:86-21-65642857 团体订购:86-21-65118853
外埠邮购:86-21-65109143
上海丽佳制版印刷有限公司

开本 787×960 1/16 印张 19.5 字数 156 千
2015 年 10 月第 3 版第 1 次印刷
印数 1—5 500

ISBN 978-7-309-11806-3/G·1519
定价:65.00 元

如有印装质量问题,请向复旦大学出版社有限公司发行部调换。
版权所有 侵权必究